Brandenburger

Bilderbogen

Der Nordwesten

»Ich bin die Mark durchzogen
und habe sie reicher gefunden,
als ich zu hoffen gewagt habe.«

Theodor Fontane

Mein besonderer Dank gilt Herrn Prof. Dr. Kirschbaum, Herrn Prof. Timm und meiner Frau Christine, die mich beraten und unterstützt haben.

Stettiner Straße 25, D-36100 Petersberg
Tel. 0661/9628286, Fax 0661/63686

Fotos, Texte, Reihengestaltung und Layout:
Dieter Heidenreich
Reproduktion:
Michael Imhof Verlag
Druck und Bindung:
Himmer AG, Augsburg

ISBN 978-3-86568-340-3

Dieter Heidenreich

Brandenburger *Der* Bilderbogen *Nordwesten*

Prignitz
Ostprignitz-Ruppin
Havelland
Stadt Brandenburg
Kulturlandschaften in Europa

Michael Imhof Verlag

Vorwort

»Wanderer!
Erinnere dich dass auf Erden Vollkommenheit nicht wohnt.
War ich auch nicht der beste der Menschen
so gehörte ich wenigstens
nicht unter die Zahl der Bösen!«

Diese Zeilen sind Teil der von Prinz Heinrich von Preußen (1726–1802) selbst verfassten Grabschrift, die sich auf einer Steintafel befindet, die die Öffnung zur Grabkammer des als Pyramidenstumpf gestalteten Grabmals im Schlosspark von Rheinsberg verschließt. Vorausgeht eine kurze Lebensbeschreibung, aus der noch folgende Zeilen zitiert seien:

»Durch seine Geburt in jenen Wirbel von eitlem Dunst gestürzt,
den die Menge Ruhm und Grösse nennt,
und dessen Nichts der Weise erkennt;
allen Uebeln der Menschheit ausgesetzt,
gequält durch die Leidenschaften anderer,
beunruhigt durch seine eigenen;
oft Ziel der Verleumdung oder Opfer der Ungerechtigkeit;
tief gebeugt durch den Verlust geliebter Anverwandten
und treuer bewährter Freunde;
aber oft auch getröstet durch Freundschaft;
glücklich in der Abgeschiedenheit des Nachdenkens,
glücklicher noch wenn seine Dienste dem Vaterlande
oder der leidenden Menschheit
nützlich sein konnten.«

Auf Seite 52 des vorliegenden zweiten Teils des vierbändig angelegten Brandenburger Bilderbogens mit dem Titel *Der Nordwesten* von Dieter Heidenreich findet der Leser eine Abbildung des Grabmals. Der Besucher einer Opernvorstellung im Heckentheater Rheinsberg, der alljährlich im Rahmen der musikalischen Veranstaltungen der *Kammeroper* den Schlosspark durchschreitet, gelangt über einen Seitenweg an diesen Ort. Ein kurzes Innehalten ist anzuraten, vermittelt die Grabschrift doch etwas vom innersten Wesen dieses gegenüber seinem »großen« Bruder, Friedrich II., in der preußischen Geschichtsschreibung immer ein wenig stiefmütterlich behandelten Prinzen.

Der zweite Band umfasst die Prignitz, Ostprignitz-Ruppin, das Havelland und die Stadt Brandenburg.
Auch diesen Teil einer gewachsenen europäischen Kulturlandschaft im Land Brandenburg hat Dieter Heidenreich intensiv erkundet. Seine Fotografien bereiten echtes Sehvergnügen, kommen nicht als statisch begrenzte Reportagen einer Gegend daher, sondern bewegen sich zwischen einem gut gewählten Ausschnitt oder der Gesamtansicht eines Bauwerks, dem Panorama der ortstypischen Landschaften, den Details von Städten und Dörfern, Schlössern und Herrenhäusern und den darin agierenden oder sich der Muße hingebenden Menschen wie in einem fortlaufenden Bilderbogen. Blättert man den Band durch, so fällt im Layout fast jeder Doppelseite die Ausgewogenheit von Text und Bild angenehm ins Auge.
Da betrachten wir die evangelische Stadtpfarrkirche St. Nikolaus in Bad Wilsnack, die bis zur Mitte des 16. Jh. als Wallfahrtskirche Heiligblut Mittelpunkt und Ziel der Pilger war (S. 38/39). Die Auffindung von drei unversehrten Hostien nach einem verheerenden Stadtbrand führte zur Bestätigung des »Hostienwunders« durch die Havelberger Bischöfe und den Erzbischof von Magdeburg und zur Etablierung Wilsnacks als bedeutendstem Wallfahrtsort der Mark Brandenburg.
Nach der Einführung der Reformation wurde die Wallfahrt beendet, eine wichtige Einkommensquelle der Stadt versiegte, und damit sank auch ihre wirtschaftliche Bedeutung.
Wir bewundern heute eine dreischiffige Hallenkirche, ein Querschiff und einen einschiffigen Chor und Reste einer ehemals sehr üppigen Ausstattung.
Neben dieser prächtigen, sehr großen Kirche entdecken wir viele Dorfkirchen in der Prignitz, deren Schlichtheit und Würde beeindrucken. Im kleinen Ort Viesecke steht so ein aus Feldsteinen errichtetes Gotteshaus mit einem behäbigen Westturm und einer wohl in der Barockzeit mit Ziegeln ausgefachten, gut gegliederten Ostwand (S. 43).
Von den Profanbauten im Landkreis Ostprignitz-Ruppin soll neben Schloss Rheinsberg (S. 48–52) noch das Renaissanceschloss Freyenstein erwähnt werden (S. 53–57). Es ist nur noch als Rudiment erhalten, jedoch mit reizvollem Terrakottaschmuck versehen, der wohl unter dem Einfluss des Lübecker Meisters Statius van Düren oder seiner Werkstatt entstanden ist.
Wir begegnen auch Vergessenem oder Vernachlässigtem: So liegt nahe der Straße von Neuruppin nach Rheinsberg das ehemalige Gut Gentzrode. Das Herrenhaus, in den siebziger Jahren des 19. Jh. als zweigeschossiger Ziegelbau im maurischen Stil errichtet, diente zuletzt als Kommandantur einer sowjetischen Panzereinheit. Nach dem Abzug der Truppen, 1993, verfällt das Anwesen zusehends und harrt dringend einer neuen Nutzung und denkmalgerechter Restaurierung (S. 78–79).
Geradezu überwältigend sind die Aufnahmen der Werkshalle des ehemaligen Stahl- und Walzwerkes Brandenburg. Heute nur noch als Industriemuseum genutzt, vermitteln die Bilder etwas von der Dynamik, der Hitze und dem Getöse in der Halle mit dem riesigen Siemens-Martin-Ofen (S. 152–153).
Eingebettet in eine großartige, durch Flussläufe, Auen- und Poldergebiete sowie durch ausgedehnte Wälder geprägte Landschaft, entdeckt der Leser eine überaus reiche Hinterlassenschaft an kulturellen Zeugnissen. Der Brandenburger Bilderbogen des *Nordwestens* dieses Bundeslandes zeigt uns aber auch lebendige Menschen, die als Bewohner und Besucher das Land prägen, verändern und befördern.
Tief heruntergezogen ist auf dem letzten Bild (S. 154) der Horizont mit der in leichtem Dunst flimmernden Stadtsilhouette von Brandenburg. Darüber strahlt ein schier unendlicher Himmel. Der geneigte Leser möge den *Nordwesten* der Buchreihe mit ähnlicher Neugier und großem Interesse genießen wie den ersten Band!

Ingo Timm

Schloss Rheinsberg

Einleitung

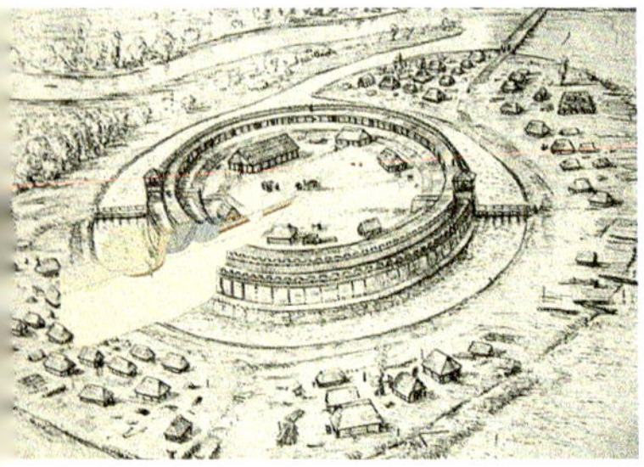

■ *Rekonstruktionszeichnung der Hevellerburg (Mitte 10. Jh.) auf der Dominsel zu Brandenburg in der Ausstellung »Spurensuche«.*

■ *Frühdeutsche Keramikgefäße aus dem 12.–15. Jh., die bei Grabungsarbeiten in der Stadt Brandenburg gefunden wurden (Ausstellung »Spurensuche«).*

■ *Stadtansicht Brandenburgs von 1582 mit dem Marienberg und der Marienkirche. Es ist die älteste Darstellung der Stadt von Zacharias Gartz (Garcaeus), 1544–1586.*

Brandenburger Bilderbogen

Über viele Jahrhunderte, ja Jahrtausende hinweg ist die Kulturlandschaft Brandenburgs von Menschen besiedelt, bebaut und gestaltet worden.

Nach dem Motto Theodor Fontanes: »Ich bin die Mark durchzogen und habe sie reicher gefunden, als ich zu hoffen gewagt habe«, will auch dieser Band der vierteiligen Publikation die Schönheiten und Besonderheiten des Landes aus Gegenwart und Vergangenheit vorstellen.

Es soll ein Bilderbogen der über die Jahrhunderte hinweg gewachsenen Kulturlandschaft im Herzen Europas gezeigt werden. Dabei werden die Luch- und Bruchgebiete, Flusslandschaften, spezifische Gegebenheiten der Regionen und kulturhistorische Bauwerke der Mark vorgestellt.

Der Band »Der Nordwesten« beginnt mit seiner Bilderreise im Landkreis Prignitz nordwestlich von Berlin und setzt sich dann mit den Landkreisen Ostprignitz-Ruppin, Havelland und der kreisfreien Stadt Brandenburg fort.

Auf das in den Grenzen von 1993 festgelegte Territorium Brandenburgs will dieses Buch im Folgenden eingehen. Ausnahmen bilden im vorliegenden Band die Orte Havelberg, Tangermünde und Wust, die heute zu Sachsen-Anhalt gehören, aber mit der Mark Brandenburg eng verbunden sind.

Durch drei weitere eigenständige Bände »Der Nordosten«, »Der Südwesten« und »Der Südosten« fügt sich der Bilderbogen mit allen Landkreisen Brandenburgs und den kreisfreien Städten zu einem Ganzen.

Auf der Karte Seite 11 ist die Übersicht mit der inhaltlichen Gliederung aller vier Bildbände zu finden.

Ein neues Bundesland

Brandenburg liegt im nordöstlichen Teil Deutschlands. In der Mitte des Bundeslandes befindet sich die politische Metropole Berlin. Die Hauptstadt Brandenburgs ist Potsdam, in der auch das Landesparlament seinen Sitz hat.

In der Geschichte hat die Mark Brandenburg ihre Grenzen oft ändern müssen. Völkerwanderungen, Gebietsaufteilungen, regionale und europäische Auseinandersetzungen mit nachfolgenden neuen Festlegungen und Erbfolgen trugen zu häufigen Grenzveränderungen bei.

Durch die Feste Brandenburg, von der bereits im 12. Jh. die Markgrafen von Brandenburg die Geschicke des Landes bestimmten, erhielt das heutige Bundesland seinen Namen. Eine über 850-jährige Geschichte schließt sich an.

Derzeit gliedert sich das Land Brandenburg in achtzehn kleinere Verwaltungseinheiten. Im Osten wird die Grenze Brandenburgs durch den Verlauf von Oder und Neiße, den Grenzflüssen zwischen Polen und Deutschland, bestimmt. Im Norden der Region liegt Mecklenburg-Vorpommern. Westlich begrenzen Niedersachsen und Sachsen-Anhalt und südlich Sachsen das neue Bundesland.

Brandenburg und sein Nordwesten

Die Feste Brandenburg, auf einer Insel in der Havel gelegen, bildete den zentralen Ausgangspunkt für die ökonomische, politische und kulturelle Entwicklung des brandenburgischen Landes (Abb. S. 6).

Eine vielfältige Landschaft und ihre Bewohner

Das Territorium Brandenburgs ist von sehr unterschiedlicher Gestalt.

Im Nordwesten des Landes, wo sich die Landkreise Prignitz und Ostprignitz-Ruppin befinden, ist die Landschaft relativ flach. Höhere Erhebungen sind selten. Luch- und Bruchlandschaften sowie ein Geflecht von künstlichen Gräben, Kanälen und einigen Flüssen prägen das Bild. Die Fluss- und Polderlandschaften von Elbe und Havel weiten sich bei Hochwasser stark aus und wurden aus diesem Grund eingedeicht. Sie bestimmen einen Teil des nordwestlichen Landschaftsbildes der Mark. Wichtige Verbindungsstraßen zwischen den Ortschaften und Städten legte man deshalb höher.

Das Havelland westlich und nordwestlich von Berlin, durch das lang gestreckte Luch gekennzeichnet, ist reichlich von Flüssen, Fließen und Kanälen durchzogen. Dieses wasserreiche Gebiet der Mark wird partiell von sumpfigen und morastigen Gewässern bestimmt. Grasflecken, Büsche und Baumgruppen, die aus dem Wasser ragen, prägen hierbei das Bild.

Die kreisfreie Stadt Brandenburg liegt an der Havel und ist teilweise vom Fluss umgeben.

Im Band »Der Nordosten« wird die Landschaft des Oderbruchs beschrieben, die schon vor langer Zeit trockengelegt wurde. Dieses Gebiet wird oftmals bei Hochwasser überflutet. Es liegt am östlichen Rand Brandenburgs und ist eine flache fruchtbare Ebene mit Poldern, Feldern und Wiesen, die von kilometerlangen Dämmen gegen die auftretenden Hochwasser von Oder und Neiße geschützt wird. In dem nordöstlichen Teil der Mark liegen auch die leicht hügligen Gebiete mit ihren unzähligen eiszeitlichen Seen, Senken, Söllen und den Bruchlandschaften von Randow und Welse.

Im Band »Der Südwesten« werden die hügligen Gebiete des wasserarmen Flämings, die Region zwischen Elbe und der Schwarzen Elster erkundet sowie die Umgebung von Bad Liebenwerda. Große Moorgebiete befinden sich dort, deren Erdreich in den Kureinrichtungen, wie auch in Bad Wilsnack, als Heilschlamm Verwendung findet.

Im Band »Der Südosten« wird die Kulturlandschaft aufgezeigt, in der durch den Abbau von Braunkohle im Tagebaubetrieb große Narben entstanden sind. Die in der Lausitz geförderte Braunkohle wird in Strom und andere Energieformen umgewandelt. Die Einwohner ganzer Dörfer haben dabei in der Vergangenheit ihre Lebensräume verlassen müssen. Die Abraumgebiete sind oder werden geflutet, rekultiviert und für die Naherholung erschlossen.

Zu dieser märkischen Region gehört auch der flache Spreewald, der sich über Teilgebiete Brandenburgs südlich und südöstlich von Berlin erstreckt und in diesem Band vorgestellt wird. Hunderte von Wasserarmen durchziehen das fruchtbare »Venedig« der Mark Brandenburg.

Die Landschaften der Landkreise und kreisfreien Städte der Regionen werden jeweils in den entsprechenden Bänden ausführlicher beschrieben.

Historische Einschnitte und Veränderungen

Durch Völkerwanderungen sowie auch durch die zeitgleiche gemeinsame Existenz und ein Miteinander slawischer und germanischer Stämme auf ursprünglich märkischem Territorium kam es zu gegenseitigen Verbindungen und Beeinflussungen der hier lebenden Vorfahren.

Das einheimische Herrschergeschlecht war ausgestorben, und Kaiser Karl IV. hatte das Land 1373 an seine Söhne Wenzel (den Faulen) und Sigismund vergeben. Später wurde die Mark dem Luxemburger Jobst von Mähren übertragen, der sich nicht um die Mark Brandenburg kümmerte und der Anarchie freien Lauf ließ.

Die Mark Brandenburg stellte deshalb zu Beginn des 15. Jh. einen weitgehend rechtsfreien Raum dar.

In der mittelalterlichen, dünn besiedelten Mark Brandenburg trieben viele Raubritter zwischen Elbe und Oder ihr Unwesen, das unzählige Opfer forderte. Sie griffen Bauern, Bürger und Kaufleute an. Sie raubten ihnen Geld, Waren oder nahmen ihnen ihr einziges Hab und Gut. Viele Bürger bezahlten sogar mit ihrem Leben.

Die Raubritter durchzogen das Land und brachten den Handel fast zum Erliegen. Pommersche Herzöge überfielen wehrlose Städte der Mark und plunderten sie aus.

In harten Kämpfen wurde die politische und militärische Kraft des freien Raub- und Fehdeadels in der Mark Brandenburg durch Kurfürst Friedrich I. von Hohenzollern gebrochen; dennoch gab es weiterhin Überfälle von Raubrittern auf unbescholtene Bürger.

Jahrzehntelang mussten die schutzlosen Einwohner Plünderungen über sich ergehen lassen, bevor der Kurfürst Joachim I. Nestor von Brandenburg den Raubrittern endgültig Einhalt gebot.

Der junge Herrscher, der bereits 1499 mit 15 Jahren sein Amt antrat, verhängte drastische Strafen gegen die Ritter. Joachim ging konsequent gegen das den Landfrieden störende Raubrittertum vor und ließ Ritter, die sich wiederholt schuldig machten, hängen. Fast vierzig Ritter sollen so das Ende ihres »schäbigen Handwerks« erfahren haben.

Die Drohbriefe des Raubadels ließen nicht lange auf sich warten. Geschrieben stand: »Joachimchen, Joachimchen, hüte dich – fangen wir dich, so hangen wir dich«.

Vorwürfe des ihn umgebenden Adels entkräftete er mit den Worten: »Adelig Blut habe ich nie vergossen, sondern nur Schelme, Räuber und Mörder hinrichten lassen. Wären dies redliche Edelleute gewesen, so würden sie keine Verbrechen begangen haben«.

Gravierende Ereignisse brachten oft große Einschnitte und Veränderungen für die Menschen der Mark Brandenburg mit sich, wozu zum Beispiel der Dreißigjährige Krieg gehörte. Die Spuren der Verwüstung waren nach dem Ende des Dreißigjährigen Krieges (1648) überall in Brandenburg ablesbar. Die Felder lagen brach, die Dörfer waren verlassen, und in den Städten hatte der Krieg große Schäden angerichtet. Mehr als die Hälfte der Bewohner verlor ihr Leben, lediglich ein Viertel der Häuser war noch bewohnt.

Auch für Perleberg (einer der wichtigsten Orte der Prignitz) wirkte sich der Dreißigjährige Krieg verheerend aus und fügte der Stadt erheblichen Schaden zu. Verwundete Soldaten schleppten 1636 die Pest ein. Im November des Jahres 1638 wurde die Stadt von kaiserlichen Truppen verwüstet. Die Einwohner wurden ermordet, gefoltert und vergewaltigt, und die Stadt wurde völlig ausgeplündert. Von den ehemaligen 3 500 Einwohnern überlebten nur 300 diese unheilvolle Zeit. Von 300 Wohnhäusern des Ortes waren nur noch 127 bewohnbar. Perleberg erholte sich nur sehr langsam und brauchte fast 200 Jahre, bis die Bevölkerungszahlen wieder das Vorkriegsniveau erreicht hatten.

Als der junge Kurfürst Friedrich Wilhelm sein Amt in dieser schrecklichen Zeit antrat, stand er vor großen Herausforderungen. Die Mark Brandenburg wieder zu beleben und sie ökonomisch zu stärken, gehörte zu seinen vorrangigen Aufgaben. Bereits 1670 wurde verfolgten Juden aus Österreich das Recht eingeräumt, sich in der Mark Brandenburg anzusiedeln.

Mit dem Edikt von Potsdam (Abb. S. 158), das der Große Kurfürst im Jahre 1685 erließ, schuf er die Grundlage für eine neue Siedlungspolitik in Brandenburg, die Menschen aus ganz Westeuropa in die verwaisten Regionen der Mark holte. Der religiösen Toleranz des Großen Kurfürsten, dem wirtschaftlichen Interesse des Staates und der Stärkung der eigenen Position gegenüber der Ständeordnung war diese Entscheidung geschuldet.

Für die wirtschaftliche und kulturelle Entwicklung Brandenburgs waren die einwandernden westeuropäischen Refugiés, wie sich die französischen Flüchtlinge nannten, von großer Bedeutung, die als neue Siedler ihren Platz in der Mark Brandenburg einnahmen und ausfüllten.

Die über 300-jährige Geschichte der hugenottischen Einwanderer, die ihre Spuren überall in der Mark hinterließen, ist aus der kulturhistorischen Entwicklung des Landes nicht wegzudenken. Einflüsse von Sprache und Kultur schlagen sich bis heute nieder. Den Tabakanbau, die Seiden- und Strumpfwirkerei sowie viele ihrer handwerklichen Fähigkeiten brachten sie mit ins Land. Sie belebten und stärkten mit ihrem Wissen und ihrer Kultur das märkische Land. Unter den Emigranten waren Philosophen, Ärzte, Architekten und Chemiker, die die wissenschaftliche Entwicklung der Mark beflügelten und zu einer kulturellen Vielfalt beitrugen.

Dank der Hugenotten kamen im 17./18. Jh. viele neue Gemüsearten ins havelländische Land, die die märkische Küche bereicherten. Sie verstanden es, Spargel, Chicorée, Champignons, Schwarzwurzeln, Artischocken, Blumenkohl, Suppengemüse und Kräuter sowie grüne Erbsen anzubauen. Der Anbau verschiedener Obstsorten und die Verbreitung der Kartoffel, mit der sie in ihrer Heimat bereits vertraut waren, wurden von den Refugiés betrieben.

■ *Künstlerisch gestaltete Grabplatte eines kirchlichen Würdenträgers im Dom zu Brandenburg.*

■ *Brakteat oder Hohlpfennig (deutsche dünne Silbermünze, 12.–14. Jh.) mit dem Abbild des Askanischen Grafen von Ballenstedt Albrecht I., genannt der Bär.*

■ *Das Wappen von Wust, dem Ort, in dem Hans Hermann von Katte in der Kirchengruft beigesetzt wurde (S. 117).*

■ *Otto Lilienthal (1848–1896).*

■ *Otto Lilienthal bei Flugversuchen mit seinem Gleitflieger am Gollenberg bei Rhinow. Der deutsche Flugpionier verunglückte am 10. 8. 1896 tödlich bei seinen Flugversuchen (S. 90).*

■ *Kolorierte Figur (Ausschneidebogen Hampelmann) aus einem Neuruppiner Bilderbogen (S. 51).*

Handel, Verkehr und Wirtschaft

Entwicklung der Städte

An den historischen Kreuzungspunkten der Handelsstraßen kam es seit dem Mittelalter zur Entwicklung von neuen Ortschaften. Diese frühen Marktflecken entwickelten sich rasch zu größeren Städten, die neue Wege für Kommunikation, Handel und Gewerbe erforderlich machten. Bestehende Verkehrsverbindungen wurden für Händler und Reisende befestigt und das Wege- und Straßennetz erweitert und verbessert. Dämme wurden errichtet, um Straßenverbindungen in den feuchten und sumpfigen Regionen befahrbar zu machen. Postkutschen und mehrspännige Wagen fuhren über das Land.

Einige Städte Brandenburgs im Nordwesten der Mark, wie Brandenburg, Pritzwalk und Perleberg, gehörten zeitweise dem Bund der Hanse an.

Kanäle wurden angelegt und Flussläufe ausgebaut, um Städte zu verbinden. Im Jahre 1743 wurde der Bau des Elbe-Havel-Kanals begonnen. Schiffe konnten dann von Hamburg bis nach Stettin fahren.

Entwicklung der Bahn

Im 19. Jh. begann mit der Entwicklung der Eisenbahn auch der Ausbau des Bahnnetzes. Was vorher mit dem Fuhrwerk bewältigt wurde, kam jetzt auf die Schiene. Eine der ersten brandenburgischen Bahnlinien, 1842/1843 erbaut, führte von Berlin nach Stettin. Mit dem erfolgreichen Einsatz der Eisenbahn als Transportmittel und der Erweiterung des Streckennetzes vervielfältigten sich Warenumschlag und Reisetätigkeit. Viele Orte und Städte wurden an das neue Netzwerk der Bahn angebunden. Auch von den märkischen Landgütern wurden Gleise im Schmalspurformat gelegt und an das lokale Eisenbahnnetz angeschlossen. Erst waren es landwirtschaftliche, später vor allem industrielle Güter, die zu den Orten der Weiterverarbeitung und zu den wachsenden Märkten des Landes gebracht werden mussten. Parallel dazu nahm auch der Personenreiseverkehr zu Beginn des 20. Jh. in Brandenburg zu. Kureinrichtungen und Bäderorte, wie Bad Wilsnack mit seiner heilkräftigen Moorerde, wurden durch die Bahn schnell erreichbar. Das nahe Umland Berlins erlangte durch den sich zügig entwickelnden Nahverkehr ebenfalls eine rasche Anbindung. Um den Reisenden die Fahrt auch zum ästhetischen Erlebnis werden zu lassen, entstanden neue Bahnlinien, deren Streckenführungen durch Landschaftsarchitekten geplant und realisiert wurden. König Friedrich Wilhelm III. beklagte jedoch, dass durch den Bau der ersten Eisenbahnen »Ruhe und Gemütlichkeit« leiden würden.

Wichtige Eisenbahnstrecken sind gegenwärtig für den Verkehr weiter ausgebaut, jedoch andere dafür aus wirtschaftlichen Gründen wieder geschlossen worden. Berlin mit seinem neuen Hauptbahnhof ist ein Drehkreuz für den Bahnverkehr zwischen Ost und West in Europa geworden, dessen Streckennetze durch Brandenburg führen.

Anwachsende Handels- und Bautätigkeit

Durch anwachsende Handels- und Bautätigkeit am Ende des 19. Jh. verstärkte sich erneut der Ausbau von Wasserstraßen. Große Flüsse wurden durch die Errichtung weiterer Kanäle und Schleusen miteinander verbunden, um preiswert und im großen Umfang Waren sowie Bau- und Heizmaterialien zu transportieren. Schleusen erwiesen sich als notwendig, um unterschiedliche Höhen der Wasserläufe für die Schifffahrt zu überbrücken. Vor- und Stadtschleusen in Brandenburg und Rathenow wurden errichtet. Im Umland sowie in der ganzen Mark entstanden weitere Schleusen, wie z. B. in Wusterwitz und Bahnitz.

Riesige Lastkähne beförderten Tausende Tonnen Steine von den im Umland angesiedelten Ziegeleien bis nahe an die neuen Baustellen nach Berlin und Potsdam. Schiffe fuhren von der Havel über die Kanalverbindungen zur Elbe und Oder und konnten so ihre Lasten in den Häfen der Region sowie der Nord- und Ostsee löschen. Sie transportierten Frachtgut und Passagiere zu ihren Zielorten.

Wirtschaft

Die Landkreise des Nordwestens sind derzeit dünn besiedelt. So sind es in der Prignitz nur ca. 42, in der Ostprignitz-Ruppin 43 und im Havelland 91 Einwohner, die auf einem Quadratkilometer leben. In der kreisfreien Stadt Brandenburg/Havel kommen 323 Einwohner auf einen Quadratkilometer.

Die Nordwestregion ist vor allem durch Landwirtschaft und vom Tourismus geprägt. So ist der Wirtschaftsstandort Prignitz durch landwirtschaftliche Produktion und die Verarbeitung landwirtschaftlicher Produkte, eine klein- und mittelständische Industrie, Handwerk und Gewerbe sowie einen größeren Dienstleistungssektor gekennzeichnet. Die angrenzenden Ballungsgebiete von Berlin und Hamburg, Hannover und Braunschweig, Potsdam, Magdeburg, Schwerin und Rostock bieten sich entwickelnden Unternehmen größere Marktchancen und Kooperationsmöglichkeiten. Von Seiten der Landesregierung werden Bemühungen unternommen, weitere mittelständische Unternehmen in der Region anzusiedeln und so den Mittelstand zu stärken.

In den größeren Städten Brandenburg, Wittenberge und Rathenow gibt es einige Industriebetriebe.

Im ursprünglichen Ort der Metallerzeugung und -verarbeitung Brandenburg entwickelten sich mehrere unterschiedliche Branchen. Das sind vor allem Produktionsstätten für die Metallerzeugung, -bearbeitung und -verarbeitung und die Herstellung von Getrieben und Schienenverkehrstechnik sowie für Kunststoffprodukte.

Auf dem Dienstleistungssektor entwickeln sich Logistik, Medien/Informations- und Kommunikationstechnik und die Geoinformationswirtschaft.

In der Optikstadt Rathenow werden Gläser und Brillen, optisches Gerät sowie Maschinenausrüstungen hergestellt.

In Wittenberge sind es oleochemische Erzeugnisse, die produziert werden und die die Basisstoffe für pharmazeutische und kosmetische Produkte liefern.

Autobahnausbau

Die bereits vorhandenen Straßenverbindungen wurden zu Fernverkehrsstraßen ausgebaut, um schneller und flexibler den mit der Industrialisierung einhergehenden Warenaustausch zu bewältigen.

Zu Beginn des 20. Jahrhundert kam es mit der Weiterentwicklung der Automobilindustrie zum Autobahnbau, der noch schnellere Transportmöglichkeiten für die Menschen auf den Straßen zuließ. Heute gehören zur Infrastruktur Brandenburgs sanierte und erweiterte Autobahnen und Bundesstraßen, die das Land in alle Richtungen durchqueren. Der Berliner Ring und die Autobahnen nach Hamburg und Rostock (A24, A19) sowie die neuen Bundesstraßen bringen Reisende und Produkte schnell zu den Zielen im Nordosten der Mark.

Historische Baudenkmale und Parkanlagen

Baumeister des 18./19. Jahrhunderts

Die Substanz der noch erhaltenen brandenburgischen Baudenkmale öffnet ein kleines Fenster in die Vergangenheit. Es gewährt Einblick in das Leben von Geistlichkeit, Adel, Bürgertum und das der einfachen Leute der Mark.

Theodor Fontane beschrieb in seinen »Wanderungen durch die Mark Brandenburg« (1862–1882) ausführlich Landschaft, Architektur und Menschen der Region.

Der Baumeister David Gilly (1748–1808), Sohn hugenottischer Einwanderer, in Schwedt/Oder geboren, war Landbaumeister und Mitbegründer der Bauakademie in Preußen.

Sein Sohn Friedrich Gilly (1772–1800) wurde ebenfalls Baumeister in Preußen. Der Vater förderte früh die Begabung des Sohnes. Schon mit 16 Jahren erhielt Friedrich Gilly an der Akademie der bildenden Künste in Berlin eine umfassende Ausbildung im Fach Architektur. Studienreisen führten ihn nach Westfalen und Holland sowie durch Ost- und Westpreußen. Sie waren der Wasserkunst und der Backsteinarchitektur gewidmet.

Friedrich Gilly, der bei seinen Zeitgenossen als das größte Genie in seinem Fach galt, wurde 1799 zum Oberhofbauinspektor ernannt und Lehrer des acht Jahre jüngeren Karl Friedrich Schinkel. Seine Studienreisen führten Gilly nach Großbritannien, Frankreich und Österreich.

Karl Friedrich Schinkel (1781–1841), in Neuruppin geboren, gehört zu den wichtigsten Baumeistern des 19. Jh. in Preußens Brandenburg. Seine klassizistischen Bauten, durch Studienreisen nach Italien und England geprägt, vereinen die Formensprache der Antike mit gotischen Elementen.

Durch die Ernennung Schinkels zum Preußischen Oberbaurat, seine Mitgliedschaft im Senat der Königlichen Bauakademie sowie im Ministerium für Handel und Gewerbe wurde die Architektur Brandenburgs wesentlich bestimmt. Schinkels Regelwerke und Musterbücher zur Anleitung für Baumeister und Architekten bildeten den Grundstock für eine solide und qualifizierte Bautätigkeit von Gesellschafts- und Wohnbauten im preußischen Brandenburg.

Viele seiner Schüler oder Mitstreiter, wie Friedrich August Stüler (1800–1865) und Ludwig Persius (1803–1845), führten seine Gedanken von Klarheit, Überschaubarkeit und symmetrischer Gliederung fort.

Durch die rasch voranschreitende Industrialisierung wurden vorgeformte Elemente aus Ton, Terrakotta, Eisen und Zink industriell produziert, die sich unkompliziert in die Bauwerke einfügen ließen. Industrie und Wirtschaft erhielten in den 1860er-Jahren einen weiteren Zuwachs.

Gartenbaukünstler des 19. Jahrhunderts

Nach der Barockzeit gingen viele Gartenbaukünstler wie Peter Joseph Lenné (1789–1866) (Abb. S. 9) und Hermann Fürst von Pückler-Muskau (1785–1871), durch Studienreisen und von englischen Vorbildern beeinflusst, dazu über, die Park- und Gartenkultur in Brandenburg zu verändern. Die natürliche und freie Gestaltung der Parkanlagen stand dabei im Vordergrund. Durch die Komposition von Baum- und Pflanzengruppen und das bewusste Einbeziehen von Freiräumen in die Landschaftsgestaltung wurden Sichtachsen und optische Höhepunkte geschaffen. So entstanden großzügige gartenkünstlerische Anlagen, die Architektur und Landschaft miteinander verbanden.

Gründerzeit

Nach Deutschlands gewonnenem Krieg gegen Frankreich im Jahre 1871, in dessen Folge massenhaft französisches Kapital (vor allem aus Reparationen) ins Land strömte, erreichte der wirtschaftliche Aufschwung Deutschlands einen Höhepunkt. Der daraus resultierende bisher nicht gekannte wirtschaftliche Boom dieser Jahre gilt als eigentliche »Gründerzeit«.

Mit der Reichsgründung 1871 kam es auch zur Vereinheitlichung von Maßen, Münzen und Gewichten und zu einer wirtschaftsliberalen Gesetzgebung, die die rasche ökonomische Entwicklung weiter förderte. Schwerindustrie, Kohlebergbau und Maschinenbau erfuhren einen kräftigen Aufschwung, der bis zum großen Börsenkrach von 1873 unvermindert anhielt. Alle diese Faktoren führten zur »Gründerzeit«, die den Bau von Industrie-, Verwaltungs- und Wohnbauten anschnellen ließ. Die Urbanisierung der Städte nahm zu und der Wohnungs- und Industriebau prosperierte.

In Mitteleuropa fand eine Industrialisierung statt, in der das Bürgertum die kulturelle Führung übernahm. Die Industrialisierung aller Bereiche stellte auch an Architektur und Kunsthandwerk neue ästhetische Forderungen.

Die Gründerzeit beeinflusste das Lebensgefühl und die Wohnkultur des industriellen Bürgertums nachdrücklich. Repräsentative Geschäftshäuser, Banken, Fabrikgebäude und Villen entstanden im Stil des Historismus. Aufwändige Landsitze errichtete man im Umland. Das Bedürfnis zur Selbstdarstellung und zur Repräsentation prägte die prächtigen Bauten. Dabei orientierte sich das finanziell aufstrebende Bürgertum an alten Eliten wie dem Adel. Themen aus Mythologie und Geschichte bestimmten Malerei und Skulptur. Die Gestaltung von Denkmälern wurde zur Hauptaufgabe für viele Künstler.

Bauhauskultur

Mit der Gründung des Bauhauses 1919 in Weimar begann ein neuer Abschnitt in der Geschichte der Architektur, der Kunst und des Designs des 20. Jh. Unter dem Gründer Walter Gropius vollzog das Bauhaus eine inhaltliche Hinwendung zur Industrie. Die Hochschule versuchte mit ihrer künstlerischen Ausbildung, die Trennung von Kunst und Produktion aufzuheben und Antworten auf die Fragen des Bauens im Industriezeitalter zu geben. Die Künstler wollten vorbildliche Gegenstände und Räume für eine künftig humanere Gesellschaft schaffen. Einfache überschaubare, kubische, großzügige,

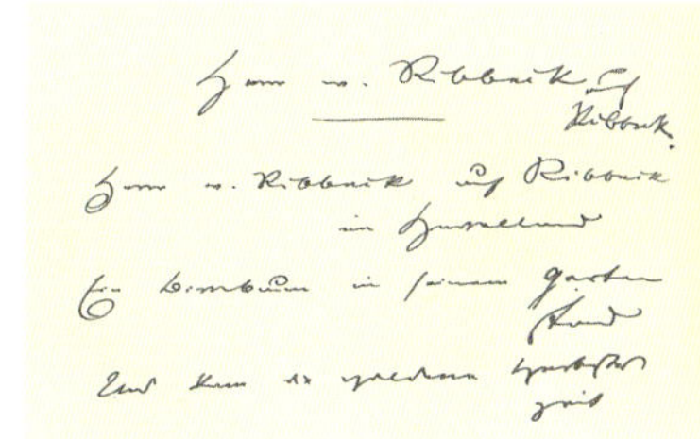

■ *Autograph des Gedichtes »Herr von Ribbeck auf Ribbeck im Havelland« von Theodor Fontane (1819–1898).*

■ *Garten- und Landschaftsarchitekt Peter Joseph Lenné (1789–1866) wurde in Bonn geboren. Der Sohn einer ursprünglich aus Lüttich stammenden Familie von Hofgärtnern ging nach einer Gärtnerlehre 1811/1812 nach Paris, wo er Vorlesungen in Gartenplanung und Architektur besuchte. Er schuf viele Parkanlagen und Gärten in Brandenburg.*

■ *Johann Heinrich August Duncker (1767–1843) wurde in Rathenow geboren. Der Pfarrer und Erfinder war Begründer der optischen Industrie in Deutschland (S. 90).*

■ »Eisenwalzwerk« um 1830, Finow bei Eberswalde. Gemälde von Carl Blechen (1798–1840).

■ Veranstaltungen wie das Norddeutsche Bodypainting-Festival gehören zum künstlerischen Programm von Wittenberge (S. 35).

■ Performance mit Hühnerfedern in einer der einstigen Stallungen der Gutsanlage von Liebenberg.

funktionstüchtige und helle Industrie- und Wohnbauten, in denen der Mensch seiner Arbeit und seinen Lebensbedürfnissen nachgehen konnte, waren das Ziel.

Auch in Brandenburg wurden die Denkweisen des Bauhauses auf die Architektur angewendet. Bruno Taut war für gemeinnützige Wohnungsbaugesellschaften tätig und errichtete in diesem Sinne Siedlungs- und Wohnbauten. Sein Bruder Max Taut schuf u. a. das Goethe-Gymnasium in Nauen.

Schlösser und Parkanlagen nach dem 2. Weltkrieg

Ein Großteil der Burgen und Schlösser wurde nach dem 2. Weltkrieg fremdgenutzt, und mit der Zeit verwilderten auch die dazugehörigen Parkanlagen.

Lazarette und Wohnstätten für Umsiedler oder für Menschen, die durch den Krieg ihre Wohnung verloren hatten, wurden eingerichtet. Schulen, Verkaufsstellen, Besserungsanstalten, Rehabilitations- und Heimeinrichtungen, landwirtschaftliche Produktionsgenossenschaften und Gemeinderäte hielten Einzug. Ein Großteil der historischen Bausubstanzen verfiel aus mangelndem Interesse und aufgrund fehlender Mittel. Einige Gebäude dienten als Steinbrüche. Andere wurden bewusst abgetragen.

Wie den Parkanlagen erging es auch oftmals den brandenburgischen Schlössern im östlichen Nachkriegsdeutschland. Die Zeit hat viele Wunden geheilt, und verschiedene Parkanlagen im Land Brandenburg wurden gerettet. Es sind u. a. Parks in Babelsberg, Kleßen, Neuruppin und Rheinsberg.

Zu Zeiten der DDR nutzten einige Privilegierte Schlösser und Herrenhäuser, wenn sie nicht unmittelbar durch die Kommune beansprucht wurden. Geringe kulturhistorische Verantwortung und Geringschätzung erhaltenswerter Baukunst waren nicht selten ein schlechter Ratgeber für die Erhaltung historischen Kulturgutes. Ein Teil der Schlösser wurde durch diese fremde Nutzung erhalten, wenngleich auf Originalität und Qualität historischer Substanzen nicht genügend Augenmerk gerichtet wurde.

Eine Ausnahme bildeten die Schlösser und Parks von Sanssouci und Cecilienhof in Potsdam, die regelmäßig restauriert, saniert und gepflegt wurden.

Die Kraft reichte nicht aus, die Vielzahl der Schlösser und Herrenhäuser zu retten. Einige wurden museal genutzt, andere zu Kulturhäusern umfunktioniert. Unter diesem Aspekt blieben wenigstens die Bausubstanzen erhalten. Die Ästhetik der Gebäude wurde jedoch mitunter völlig entstellt, wie es z. B. beim Schloss Paretz vor 1989 der Fall war.

Dorf und Schloss Paretz waren nach Plänen David Gillys in den Jahren 1797–1804 als Sommerresidenz für den Kronprinzen Friedrich Wilhelm und seine Gemahlin Luise errichtet worden. Die Anlage gehört zu den bedeutendsten Zeugnissen der Landbaukunst um 1800 in Preußen.

Die Stiftung »Freundeskreis Schlösser und Gärten der Mark« ließ das Schloss nach 1989 wieder sanieren, restaurieren und ein Museum einrichten.

Die bewährte Architektur der Wohn- und Gartenstädte aus der Zeit des Bauhauses, unter sozialem Aspekt geplant und angelegt, erfuhr nur notdürftige Erhaltungsmaßnahmen. Ungeachtet vieler Bemühungen gab es daher Verluste erhaltenswerter Bausubstanzen in Brandenburg zu beklagen. Nach der Wiedervereinigung Deutschlands konnten jedoch viele private Bauten und wichtige historische Anlagen restauriert werden.

Kunst- und Kulturentwicklung

Bei Grabungsarbeiten in der Schwäbischen Alb wurden einige kleine Figuren, ein Mammut und zwei menschliche Darstellungen, gesichert, die auf ein Alter von 35 000 Jahren datiert wurden. Wie in allen besiedelten deutschen Gebieten gab es auch auf dem Territorium des heutigen Brandenburgs kreative und künstlerische Äußerungen der Menschen. Viele prähistorische, von Menschenhand bearbeitete Gegenstände wurden in der Mark gefunden.

So förderten Archäologen bei Wustermark im Landkreis Havelland an einem stein- und bronzezeitlichen Moorfundplatz verzierte Jagdwaffen zu Tage.

Im Landkreis Spree-Neiße bei Forst fand man Schnurkeramik und im Landkreis Dahme-Spreewald in Golßen eisenzeitliche Keramik. In prähistorischer Zeit waren es vor allem Schalen, Töpfe, Werkzeuge, Geräte, Waffen und Schmuck aus Stein, Keramik, Bein, Horn und Gold, die von den Menschen verziert wurden.

In einer der frühesten deutschmittelalterlichen Siedlungen, in der Altstadt von Brandenburg, wurden Kugelamphoren und Kugeltöpfe ausgegraben (Abb. S. 6). Auch auf der Dominsel Brandenburgs fanden die Archäologen, wenngleich auch aus wesentlich jüngerer Zeit, bei Ausgrabungsarbeiten (zwischen 1962–1975) ein Bronzepferdchen von 3,3 cm Höhe aus dem 12. Jh. Das bestätigt, dass unsere Vorfahren nicht nur Gebrauchsgegenstände künstlerisch gestalteten.

Statussymbole und Zeremonialgerät für religiöse Zwecke wurden nicht selten aus Gold gefertigt. Die überlieferten Grabbeigaben und Funde aus den märkischen Siedlungsgebieten sind wichtige historische Zeugnisse, so z. B. der Eberswalder Goldfund, der 1913 geborgen wurde.

Klöster und Kirchen, die an den Pilgerwegen errichtet wurden, stattete man mit farbigen Freskenmalereien und prunkvollen Mosaiken aus.

Die frühen Kirchenbauten zeugen von hoher Baukultur. So sind es viele Giebel und Portale romanischer und gotischer Kirchen und Klöster, die kunstvoll gestaltet wurden. Taufbecken, Altäre und Kanzeln, schlicht oder reich verziert, schmücken die Räume. Das Chorgestühl, die Patronatslogen und Emporen sind geschnitzt oder bemalt. Epitaphe zieren die Wände. Hier sind über viele Jahrhunderte meisterliche Kunstwerke geschaffen worden, die von Phantasie und Kreativität der Handwerker und Künstler zeugen.

Auch in den vielen kostbaren Kreuzen, Reliquienschreinen, Abendmahlkelchen und prächtigen Kirchengewändern finden Kunst und Kreativität ihren Niederschlag.

Zu den historischen Besonderheiten der Sakralkunst gehören die bildhaften Darstellungen von Bleiglasfenstern. Diese farbigen Fenster von hoher Leuchtkraft und Qualität beschreiben vielfach den Leidensweg Christi.

Weitere Beispiele angewandter Kunst, aus Stein und Marmor gefertigt, sind die aufwändig gestalteten Begräbnisstätten kirchlicher Würdenträger und Stifter (Abb. S. 7) aus verschiedenen Jahrhunderten. Um die Grabplatten zu schützen, werden sie häufig innerhalb der Kirche aufbewahrt.

Große Wirkung entfaltete die Kirchenmusik. Der in Brandenburg tätige Pfarrer und Verfasser evangelischer Kirchenlieder und -musik Paul Gerhardt (1607-1676), der in Berlin, Mittenwalde und Lübben lebte und schöpferisch tätig war, verfasste Texte und Kompositionen. »Geh aus, mein Herz, und suche Freud ...« ist eines seiner schönsten Kirchenlieder.

Der Komponist Johann Sebastian Bach (1685–1750) schuf großartige Kirchenmusik. Seine Matthäuspassion ist ein Werk, das Menschen in der Osterzeit seit dem 18. Jh. begleitet. Uraufgeführt wurde das Werk 1729 in der Leipziger Thomaskirche. Die »Brandenburgischen Konzerte« widmete Bach dem Markgrafen Christian Ludwig von Brandenburg-Schwedt (1677–1734). Es ist vor allem die Orgelmusik, die das kreative Schaffen der Künstler bestimmte.

Im profanen Bereich ließen sich die Adligen, Ritter, Fürsten und Könige porträtieren und in Stein verewigen, ihr Abbild auf Münzen prägen und auf Siegeln darstellen (Abb. S. 7). Die Fassaden von Schlössern und Herrenhäusern wurden aufwändig und ornamental gestaltet oder mit figürlichen Kunstwerken versehen.

Als das aufstrebende Bürgertum an Einfluss gewann, entstanden von herausragenden Persönlichkeiten Porträtdarstellungen in Form von Skulpturen und Gemälden.

Und im Zuge der Industrialisierung rückten neue Motive wie Menschen im Arbeitsprozess und die Industrielandschaft in den Mittelpunkt der Darstellung.

Auf seinem Gemälde »Eisenwalzwerk« um 1830 stellte der Maler Carl Blechen z. B. die Industrielandschaft in Finow bei Eberswalde dar (Abb. S. 10).

In der gegenwärtigen Zeit der Medien verändern sich die Darstellungsformen von Kultur und Kunst ständig und bereichern die gesellschaftliche und geistige Auseinandersetzung.

Kulturelle Aktivitäten

Ein kulturelles Netzwerk, das sich vorwiegend im Internet präsentiert und die modernen Medien zur Information nutzt, hat sich gebildet.

Die Heimat- und Landesmuseen der Mark bereiten das kulturelle Erbe auf und machen es der Öffentlichkeit zugänglich. Ausstellungen verschiedener Art, Denkmal- und Kulturtage, Theater- und Musikveranstaltungen bereichern das Kulturangebot. Publikationen vertiefen das Wissen um die Geschichte von Städten und Dörfern.

Die Tendenz aufs Land zu ziehen hat zugenommen. Viele Künstler haben sich dort Arbeitsmöglichkeiten geschaffen. Das Leben auf dem Lande macht die Einrichtung von Atelierräumen erschwinglich und schafft neue Freiräume für kreative Tätigkeit. Es sind alte Gast-, Guts- und Bauernhöfe, Scheunen, stillgelegte Bahnhöfe oder Speicher und Kirchen, die um- und ausgebaut wurden.

Fotografen, Maler, Bildhauer, Keramiker und Konzeptkünstler (Abb. S. 10) sowie Menschen, die die bildende, angewandte oder darstellende Kunst als berufliche Tätigkeit für sich entdeckten, fanden ihren Platz in der Mark. Sie alle bereichern die ländliche Szene mit ihrer künstlerischen Arbeit und stellen Verbindungen zwischen Stadt und Land her.

In Stadt und Land sind »Tage des offenen Ateliers« eingerichtet worden, bei denen Besucher willkommen sind. Viele Interessierte nutzen diese Gelegenheit, das Ambiente, die freie Arbeit der Künstler und ihre Kunstwerke am Ort der Entstehung kennen zu lernen. In den Landkreisen werden alljährlich Kultur- und Musikveranstaltungen von Kommunen, Vereinen, Kunstverbänden oder durch private Initiativen organisiert. Die Künstlerverbände veranstalten Ausstellungen und Performances in Kulturhäusern, Galerien, Schlössern und Speichern.

In wieder hergerichteten Schlössern, Herrenhäusern, Klöstern und Kirchen werden Ausstellungen gezeigt, Konzerte und Theaterstücke aufgeführt sowie Lesungen und Buchvorstellungen organisiert. Schloss Rheinsberg ist ein besonderes Beispiel hierfür. Die überregionalen »Brandenburgischen Sommerkonzerte« sind zum festen Bestandteil der musikalischen Darbietungen im Land Brandenburg geworden.

Ein weiteres Kulturprojekt »Musikschulen öffnen Kirchen – Berlin-Brandenburg« fand in vielen Landkreisen große Zustimmung. Für junge Musizierende ergaben sich dadurch gute Präsentationsmöglichkeiten. Die Einnahmen dieser musikalischen Veranstaltungen kommen dem Erhalt von restaurierungsbedürftigen Bauten zugute.

Die Möglichkeit, an den »Tagen des offenen Denkmals« viele historische Stätten besichtigen zu können, erfreut sich großer Beliebtheit.

Band | Der Nordwesten
Prignitz
Ostprignitz-Ruppin
Havelland
Brandenburg | Stadt

Weitere Bildbände:

Band | Der Nordosten
Oberhavel
Uckermark
Barnim
Märkisch-Oderland

Band | Der Südwesten
Potsdam-Mittelmark
Potsdam | Stadt
Teltow-Fläming
Elbe-Elster

Band | Der Südosten
Oberspreewald-Lausitz
Dahme-Spreewald
Oder-Spree
Frankfurt/Oder | Stadt
Cottbus | Stadt
Spree-Neiße

Der Nordwesten

Karte Brandenburgs mit Landkreisen und kreisfreien Städten

Landkreis Prignitz

1

Die Prignitz liegt im nordwestlichsten Winkel Brandenburgs. Das Gebiet umfasst eine durch feuchte Böden gekennzeichnete wasserreiche Landschaft. Nach Norden, in Richtung Mecklenburg, steigt das Land leicht an. Die höchsten Erhebungen befinden sich nördlich von Pritzwalk, wie die 153 m hohe Prignitzer Kuppe, wogegen das Land zur Elbe, die auch die natürliche Landesgrenze zu Sachsen-Anhalt bildet, abfällt. Die Flüsse Dosse, Jäglitz, Dömnitz, Stepenitz und Löcknitz durchqueren den Landstrich in Nord-Süd-Richtung. Nur die Karthane kommt von Norden und biegt nach Westen ab.

Die frühe Besiedlung des Territoriums ist durch Funde aus der Mittelsteinzeit belegt. Auch Schnurkeramiken aus der Jungsteinzeit wurden gefunden. Zu den herausragenden Fundstätten der Bronzezeit zählt das Königsgrab von Seddin bei Perleberg, das wegen seiner reichen Grabbeigaben bekannt wurde. Ein weiterer wichtiger Bestattungsplatz ist in Dahlhausen bei Pritzwalk freigelegt worden. Im 10. Jh. lebten hier elbgermanische Stämme, die in Lenzen eine Burg errichteten. Im Jahre 929 wurde die Burg von Heinrich I. erobert. Otto I. brachte danach weitere Teile Brandenburgs unter seine Herrschaft. Durch slawische Stämme wurde jedoch um 983 die deutsche Vorherrschaft wieder für eineinhalb Jahrhunderte beseitigt.

Heute ist aus dem ehemaligen Schloss, dessen Turm noch einmal von den letzten Strahlen der Abendsonne beschienen wird, ein Museum geworden. Demerthin gehört zu einem der wenigen Schlösser in Brandenburg aus der Renaissance. Seit 1990 wurde das Schloss gesichert und erneut restauriert. Nach dem 2. Weltkrieg war es vielen unterschiedlichen Nutzungen ausgesetzt. So war es unter anderem Lager der sowjetischen Armee, Schule und dann Wohnhaus.
Der Bau, ein »Festes Haus«, um 1604 errichtet, ist auf einem annähernd quadratischen Grundriss entstanden. Der zur Hofseite zentral vorgesetzte sechseckige Treppenturm ist mit reicher Ornamentik aus der Renaissance und mit einem Sitzportal versehen. Die Farbigkeit der Eingangszone steht im starken Kontrast zur schlichten Außenfassade des Schlosses.

Albrecht der Bär gewann Mitte des 12. Jh. die Gebiete zurück, die fortan in deutschem Herrschaftsbereich blieben. Zu ersten Dorfgründungen in der Mark Brandenburg kam es im 13. Jh.

Aus romanischer Vergangenheit blieb von den frühen Bauwerken nur der Bergfried von Lenzen sowie Tortürme und Stadtmauern von Wittstock und Kyritz erhalten (Wittstock und Kyritz gehören heute zu Ostprignitz-Ruppin). Der überwiegende Teil der Stadt-, Kloster- und Dorfkirchen sowie Stadtmauerreste und Tore stammen aus gotischer Zeit.

Aus der Renaissance sind im Prignitzer Raum einige Schlösser erhalten, deren Fundamente auf Vorgängerburgen ruhen. Zwischen Elbe und Dosse gelegen, gab die Region oft Anlass zu territorialen Auseinandersetzungen zwischen den Brandenburger Markgrafen und den Mecklenburger Herzögen. Im-

■ *Oben: Rückansicht und farbige Eingangsfassade des Treppenturmes von Schloss Demerthin.*

■ *Meyenburg an der Stepenitz wurde als ehemalige Grenzfeste gegen Mecklenburg errichtet und 1285 erstmals in historischen Dokumenten genannt. Das Schloss gehörte der Familie von Rohr, die hier seit dem 14. Jh. ansässig war. Bis zum Jahre 1914 blieb das Anwesen im Besitz der Familie. Der Nordflügel ist unmittelbar mit der Stadtmauer verbunden und bezieht Mauer und Turm in das Bauensemble mit ein.*
Die Stadt wurde nach rechteckigem Grundriss aufgebaut. Große Teile der Bebauung wurden aber bei einem Brand von 1795 vernichtet. Danach erfolgte eine Verbreiterung der Straßen und die Schaffung eines Marktplatzes.

mer wieder kam es zu Zwistigkeiten, bevor das Land 1442 endgültig zu Brandenburg kam. Raubritterwesen und Fehden des Adels wirkten sich ungünstig auf die Entwicklung aus.

Einige Städte wie Brandenburg, Pritzwalk und Perleberg waren mit der Hanse verbunden. Sie belebten durch ihren regen Fernhandel den wirtschaftlichen Aufstieg der Region. Das aufstrebende Handwerk unterstützte diese positive Entwicklung, und im 14. bis 15. Jh. erfuhr die Prignitz eine Blütezeit. Ein kurfürstliches Verbot, das den Städten die Zugehörigkeit zur Hanse untersagte, verursachte ihren Niedergang. Auch der Dreißigjährige Krieg ging nicht ohne schlimme Verwüstungen an der Region vorüber.

War im 12.–14. Jh. die Stadt Havelberg (heute Sachsen-Anhalt) das Zentrum der politischen und klerikalen Macht, so

wurde im 14. Jh. Perleberg zur neuen Hauptstadt der Prignitz. Ab Mitte des 19. Jh. übernahm Wittenberge an der Elbe durch die Entwicklung zum Industriestandort eine Vormachtstellung in der Region. Die Stadt lag am Kreuzungspunkt der Elbe und der neu erbauten Eisenbahntrasse Berlin-Hamburg. Wittenberge geht auf eine Burggründung um 1226 zurück. Wie auch in vielen anderen mittelalterlichen Städten wurde die historische Substanz durch mehrere Stadtbrände vernichtet. Nur der Steintorturm aus dem 14. Jh. blieb erhalten. In der zweiten Hälfte des 19. Jh. wurde die Stadt neu bebaut. Zu den größeren Städten des derzeitigen Landkreises zählen Pritzwalk, Bad Wilsnack, Putlitz, Perleberg, Meyenburg und Wittenberge.

Bad Wilsnack, nahe der Havel gelegen, wurde durch ein Hostienwunder bekannt. Die Bischöfe zu Havelberg ließen hier Ende des 14. Jh. eine Wallfahrtskirche errichten, die mehrfache Veränderungen erfuhr. An der backsteinernen Westfassade befindet sich ein reich verzierter Renaissancegiebel. Die schönen farbigen Glasfenster der Kirche stellen die Heiligen Drei Könige dar. Mit der Reformation gingen Bedeutung von Kirche und Stadt verloren, und die Kirche erhielt dadurch nur einen kleinen Turmaufsatz mit Laterne. Der Ort wurde wieder zum Ackerbürgerstädtchen. Heute ist Bad Wilsnack ein Kur- und Heilbad.

Perleberg erhielt nach der Wiedervereinigung Deutschlands seine Hauptstellung in der Prignitz zurück. Die Stadt wurde durch die Herren von Putlitz in der ersten Hälfte des 13. Jh. auf einer Insel der Stepenitz angelegt, die jedoch 1275 zu den brandenburgischen Markgrafen kam. In dem 1850 erneuerten Rathausbau wurde die ältere Gerichtslaube integriert. Das Rathaus und die Stadtkirche dominieren das Bild des Marktes. Die nahe gelegene dreischiffige Stadtkirche aus Backstein ist an den Portalen mit glasierten Formsteinen geschmückt. Ein besonders schöner Messingleuchter gehört zu ihrem Inventar. Am Marktplatz steht der steinerne Roland, der dem Ort das Stadtrecht bekundet. Dort befindet sich ebenfalls ein besonders erwähnenswertes Fachwerkhaus aus dem 15. Jh. mit aufwändigen figürlichen Schnitzereien.

Bereits 1285 wurde Meyenburg erwähnt. Der Ort, mit einer Stadtmauer umgeben, gehörte zu einer Reihe von Grenzfesten gegen Mecklenburg. Die Burg und spätere Schlossanlage wurde mehrmals verändert, bis sie Mitte des 19. Jh. zu einer Dreiflügelanlage umgebaut wurde. Dabei bezog man Teile aus dem 15. Jh. mit ein. Die mittelalterliche Kirche ruht auf einem Fundament aus Baumstämmen und ist oft umgebaut worden.

In Putlitz am Flusslauf der Stepenitz sind Bergfried und Mauerteile der Burganlage sowie das barocke Rathaus und einige Fachwerkbauten der Stadt erhalten geblieben. Die Edlen Gans zu Putlitz kamen im Zuge des Wendenkreuzzuges um 1150 in das Gebiet der Prignitz und bestimmten von da an die Geschicke der Region östlich der Elbe mit. Sie standen zeitweilig in enger Verbindung zum Hof der brandenburgischen Markgrafen, wo sie zum Kreis der Berater gehörten. Die Edlen Gans kamen aus der Altmark bei Pollitz, ihrem Stammsitz, sie drangen über die Elbe kommend bis nach Wittenberge, Perleberg und Putlitz vor. Putlitz wurde zu ihrem Herrschaftssitz in der brandenburgischen Prignitz. Bis zum Ende des 12. Jh. hatten sie große Teile zwischen den Flüssen Elde und Dosse besetzt. Johann Gans Edler zu Putlitz stiftete 1231 das Zisterzienserkloster Marienfließ an der Stepenitz. Es ist das älteste Kloster in der Mark Brandenburg, in dem sich heute ein Pflegewohnheim der diakonischen Altenfürsorge befindet.

Das restaurierte Gebäude wurde einer öffentlichen Nutzung zugeführt. Im Schloss von Meyenburg hat Josephine Edle von Krepl ein Modemuseum eingerichtet. Die Bibliothek des Ortes hat neue Räume im Schloss erhalten. Kleine Ausstellungen von den Ausgrabungsfunden der alten Burg sowie Abbildungen zur Stadtgeschichte und Modefotos schmücken die Flure. Persönlichkeiten aus dem Ort und der Region schreiben Märchen für Kinder, um ihnen so die Stadtgeschichte näherzubringen.

Pritzwalk ist eine Gründung aus dem 13. Jh. Stadtmauer, Tore, Wälle und Gräben schützten die historische Stadt. Mehrfache Brände hatten verheerende Folgen für den Ort und vernichteten große Teile der Bausubstanz. Die Stadtkirche erfuhr im Laufe der Geschichte viele Veränderungen. Ein klassizistisches Rathaus sowie Fachwerk- und Putzbauten errichtete man Anfang des 19. Jh. im Ort.

Zu einem wichtigen Zeitzeugen und Autor der Prignitz gehört der Theologe und Heimatforscher Richard Rudloff. Er wurde 1873 in Leppin in der Prignitz geboren. Rudloff berichtete in den von Pastor Johann Kopp in Kuhsdorf ins Leben gerufenen »Prignitzer Volksbüchern« über das Leben seiner Heimatregion. Nach dem Abschluss des Victoria-Gymnasiums in Potsdam studierte er in Genf, Berlin und Greifswald und legte seine theologischen Examen in Stettin ab. Im Oktober 1905 kehrte er in die Heimat zurück und trat eine Pfarrstelle in Putlitz an. Mit siebzehn Heften der »Prignitzer Volksbücher« gehörte Richard Rudloff zu den wichtigsten Autoren, der bis Mitte des 20. Jh. zu Ereignissen und über Persönlichkeiten, die mit der Prignitz verbunden waren, schrieb. Er verfasste u. a. Beiträge über Caspar Gans zu Putlitz, über die alten Sitten einer Bauernhochzeit und zur Frühgeschichte der Prignitz. In Zeitungen und Heimatkalendern veröffentlichte er ebenfalls eine Vielzahl von Aufsätzen, bevor er 1945 in Moltenow bei Bützow (Mecklenburg-Vorpommern) starb.

Heute gibt es viele kulturelle Angebote, die das Leben in der Prignitz bereichern. So ist im Ambiente der historischen Speicher von Wittenberge eine große Freilichtbühne für Operetten- und Filmaufführungen der Elblandfestspiele entstanden. 1880–1884 hatte Paul Lincke an der damaligen Stadtpfeiferei

Wolfshagen erstrahlt in neuem Glanz. Gerade, so glaubt man, sei der Maler von der Leiter gestiegen. Viele Jahre wurde das Gebäude, in dem heute ein Museum eingerichtet ist, als Schule genutzt. Im Erdgeschoss werden Einrichtungs- und Gebrauchsgegenstände gezeigt. Das Obergeschoss enthält die größte Porzellansammlung mitteleuropäischer Blaumalerei und Gebrauchsgeschirr mitteleuropäischer Manufakturen. In den Kellergewölben zeigt eine Dauerausstellung den DDR-Schulalltag der 1970er-Jahre und Repliken von Fundstücken aus dem fast 3 000 Jahre alten Königsgrab von Seddin.
Über viele Jahrhunderte, vom 12. Jh. bis zum Ende des 2. Weltkrieges, war das Anwesen Wolfshagen im Besitz der Familie Gans Edle zu Putlitz, die in der Westprignitz lebte. Das Schloss von 1786/1787 wurde auf den Grundmauern eines aus dem Mittelalter stammenden Vorgängerbaus errichtet. Das Bauwerk veränderte und überformte man mehrmals im Laufe seiner Geschichte. Peter Joseph Lenné legte den Landschaftspark um 1850 an, der jedoch nur noch in Resten vorhanden ist. Teile des Parks konnten nach 1989 rekonstruiert werden.

Links: Gegenüber vom Schloss liegt die ehemalige Mühle an der Stepenitz. Sie ist ein mehrstöckiger Fachwerkbau aus Backsteinen.

seine Ausbildung erfahren. Alljährlich wird der Gesangswettbewerb für Operette »Paul Lincke« ausgelobt.

Die Rocknacht auf der Plattenburg hat das erste Jahrzehnt erfolgreich bestanden. Die Fans strömen in den Innenhof der historischen Gemäuer, um der Musik zu lauschen.

Zu dem »Perleberg Festival für Folk, Lied- und Weltmusik« reisen die Gruppen aus aller Welt an. Vom Worldbeat, von der Musik Lateinamerikas, von Kirchenkonzerten, von arabischen Rhythmen, von feuriger Rumba bis zu Flamencoklängen wird alles geboten, was den Besuchern des »musikalischen Weltgartens« gefällt.

Das »Kuhstock-Open-Air« in Kuhbier im Landkreis Prignitz ist ein kleines, aber feines Musikfestival für Metal, Punk und Rock. Hunderte Musikfans folgen im Sommer jedes Jahr der Ankündigung der Konzerte.

Im Nordwesten der Prignitz liegt Schloss Neuhausen. Vermutlich existierte die einstige Burg schon im Jahre 1100. Das durch kriegerische Auseinandersetzungen zerstörte Neuhausen wurde Mitte des 12. Jh. von Albrecht dem Bären wieder aufgebaut, um auf seinen Kreuzzügen gegen die heidnischen Wenden als Schutzburg zu dienen. Heute ist das Schloss sorgfältig restauriert und wurde im Jahre 2004 mit dem Denkmalpflegepreis ausgezeichnet. Zum alljährlichen Schlossparkfest gibt es Live-Musik und andere kulturelle Attraktionen. Im Schloss finden Führungen statt, und im Ruinencafé werden Kunstausstellungen gezeigt.

Die Flüsse Stepenitz und Löcknitz winden sich still durch die Landschaft. Auf gesamter Länge steht die Stepenitz unter Naturschutz. Verschiedene Touren können individuell oder mit einem Bootsführer unternommen werden.

Gegenüber dem Rathaus von Perleberg steht der steinerne Roland, der über das Treiben der Kaufleute und Händler wacht.

Auf dem großen Marktplatz von Perleberg befinden sich die St. Jakobikirche und das Rathaus. Letzteres ist ein neogotischer Backsteinbau von 1837–1839, der unter Einbeziehung eines spätgotischen Vorgängerbaus errichtet wurde. Nach einem Brand zu Beginn des 20. Jh. wurde der Turm saniert.
Perleberg entstand um 1200 auf einer Insel der Stepenitz. Eine Burg der Herren Gans Edle zu Putlitz gehörte zur ersten Bebauung. In Burgnähe entwickelte sich die städtische Siedlung. Die Stadt erweitert sich nach Norden um den Marktplatz, an dessen Ende der steinerne Roland steht. Im Jahre 1239 erhielt der Ort erstes Stadtrecht und wurde 1358 Mitglied der Hanse.

Der hoch aufstrebende Turm der dreischiffigen gotischen Hallenkirche St. Jacobi überragt das Kirchendach.
Die Kirche wurde in verschiedenen Bauabschnitten errichtet. Die Arbeiten begannen im Jahre 1361 und wurden erst im 15. Jh. beendet. F. A. Stüler erneuerte in den Jahren 1851–1855 das Maßwerk, die Fenster und den Turm.

Der Schmuckgiebel des backsteinernen Rathauses im Schlagschatten der St. Jacobikirche.

Zunft- und Handwerkerzeichen weisen auf die Gewerbe hin. Ornamentaler und figürlicher Schmuck ziert die Eingänge der alten Bürgerhäuser.

Hinter den vielen Fachwerk- und Putzfassaden der Häuser am Markt befinden sich kleine Geschäfte und Handwerksbetriebe. Die Giebel der Häuser bilden ein buntes Ensemble rund um den zentralen Platz der Altstadt von Perleberg. Abwechslungsreich sind die Balkenkonstruktionen der Häuser gestaltet. Kunstvolle Tischlerarbeiten der Fensterfronten einiger Läden belegen die handwerkliche Fertigkeit ihrer Meister.

- Willkommen an der Erdachse

Der Flusslauf der Stepenitz schlängelt sich zwischen Seddin und Kreuzburg durch die Wiesen und Felder der Prignitz.

Der beschauliche Ort Seddin erhielt vermutlich im 13. Jh. eine feldsteinerne Kirche, die im 15. Jh. verändert wurde und im Laufe der Geschichte weitere Umbauten erfuhr. Der ursprüngliche Turm wurde zerstört, und man errichtete 1923 den frei stehenden Glockenturm.

Links: An der Stepenitz nahe Kreuzburg scheint die Achse der Erde aus dem mit bunten Herbstblättern bedeckten Boden zu ragen.

Mauerreste der Burganlage von Putlitz.

Der historische Waschplatz am Ufer der Stepenitz.

Putlitz, am östlichen Ufer der Stepenitz, wird schon 948 »civitas« genannt und im 12. Jh. als Grenzfeste gegen Mecklenburg-Vorpommern ausgebaut. Sie diente als Stammburg der Herren von Putlitz während des Wendenkreuzzuges. Von dort erweiterte die Familie ihren Einflussbereich und kolonisierte das Umland.
Im 17. Jh. fiel die Burg einem Brand zum Opfer. Am Fluss stehen die Reste der Burg, die ursprünglich von Wasser umgeben war.
Der backsteinerne Bergfried steht noch heute auf dem zum Festplatz umgerüsteten Burgareal und dient als Aussichtsturm.

Die Nicolaikirche von Putlitz aus dem 19. Jh. bekam erst zu Beginn des 20. Jh. ihren Turm.

Das Rathaus von Putlitz ist ein einstöckiger Fachwerkbau mit Krüppelwalmdach aus dem 18. Jh.

Unweit von Putlitz an der Stepenitz liegt das einstige Zisterzienser-Nonnenkloster Marienfließ. Die Gans Edlen zu Putlitz haben das Kloster 1231 gestiftet. Somit ist es das älteste Kloster in Brandenburg. Obwohl das Kloster seit 1287 dem Markgrafen unterstand, nahmen die Stifter jedoch Einfluss und stellten mehrere Äbtissinnen. Nach der Reformation wurde aus dem Kloster ein evangelisches Damenstift.
Die Klosterkirche ist ein einschiffiger Backsteinbau aus der 2. Hälfte des 13. Jh., der um 1300 erweitert wurde. Ihren Dachturm erhielt die Kirche erst 1829. Der Innenraum wurde 1900/1901 neogotisch ausgestattet.

Rechts: Hinter der Kirche stehen einige kleine Fachwerkhäuser der ursprünglichen Stiftsanlage.

Rechts: Nach der Rückkehr der Stiftsdamen auf das im Dreißigjährigen Krieg zerstörte Klostergelände wurden die Ruinen als Baumaterial zur Errichtung neuer Gebäude verwendet. Auf der Wiese liegen zwei ungewöhnlich bearbeitete Steine, die vermutlich von den Resten der ursprünglichen Klosteranlage herrühren.

Bei Seddin befindet sich in einem nahe gelegenen Waldstück das Königsgrab von Seddin. Der Eingang ist durch ein Gitter gesichert. Es ist die größte im Jahre 1899 auf dem Territorium Brandenburgs gefundene bronzezeitliche Grabstelle, die ca. 800 Jahre v. Chr. errichtet wurde. Teile der Grabbeigaben sind im Museum für Ur- und Frühgeschichte in Berlin zu sehen.

Das von Flussläufen und Gräben durchzogene flache Land wird vorrangig als Weideland genutzt.

Seite 28: In einer ersten schriftlichen Erwähnung von 1492 wurde dieser Ort mit »Trutzeborg« bezeichnet. Im Rundlingsdorf Kreuzburg, nahe bei Seddin in der Prignitz, steht eine alte und besondere Fachwerkkirche von 1687. Sie fällt durch ihre Schlichtheit und den einzeln stehenden Glockenturm auf.
In diesem Dorf mit vielen Fachwerkhäusern hat ein Maler sein Atelier eingerichtet. Für die Kirche entwarf er ein neues Gestühl.

Die alten Häuser der Hafenanlage von Wittenberge wie z. B. das »Kranhaus« haben sich auf neue Gäste eingestellt.
An Wochentagen bleibt es jedoch ruhig. Die Stille der gemächlich dahinfließenden Elbe breitet sich an den Ufern des Flusses aus.
Von der einstigen Wichtigkeit des Hafens kann man in den Dokumenten der Stadt lesen, denn mit der Fertigstellung des Stadthafens legte hier 1820 das erste Dampfschiff der Passagierlinie Berlin-Hamburg an.
In einer Urkunde von 1463 des Markgrafen Friedrich II. von Brandenburg wird erwähnt, dass Wittenberge bereits 1226 existierte. Damals verfügten die Markgrafen Johann I. und Otto III. von Brandenburg, dass niemand eine Schiffsfähre zwischen »Wittemberge« und Werben unterhalten durfte.
Eine weitere urkundliche Erwähnung aus dem Jahre 1239 ist mit dem Hinweis eines Zeugen unterzeichnet: »prepositus de uittenberge«. Eine andere Urkunde, die Wittenberge im Jahr 1300 Rechte als Stadt bestätigt, ist vom Stadtherrn Otto I. Gans Edler zu Putlitz erhalten.

Elbdeichbrüche und Stadtbrände im 17. und 18. Jh. vernichteten große Teile der historischen Stadt. Eines der alten Stadttore nahe den Hafenanlagen ist erhalten geblieben.

Viele Bürgerhäuser, die um 1900 in Wittenberge errichtet wurden, haben die Zeit überdauert und sind nach der Wiedervereinigung restauriert worden. Das Obergeschoss des Hauses erhielt einen üppigen Dachgarten.

Über viele Jahrzehnte war der Uhrenturm von Wittenberge das Symbol für Arbeit und Wohlstand. Die Uhr ist die größte frei stehende Turmuhr Europas, die ein Zifferblatt von 7,30 m Durchmesser hat. Die Höhe des Turmes beträgt 49,40 m.
Im Jahre 1903 richtete die in New York City ansässige Firma »Singer Manufacturing Company« eine Filiale ihres amerikanischen Unternehmens in der Stadt ein, die bis in die 20er-Jahre erweitert wurde. Heute haben auf dem historischen Gelände der einstigen Singer-Nähmaschinenwerke und der nach dem 2. Weltkrieg fortgeführten Veritas- und Naumann-Fabrikationen viele Kleinbetriebe ihre Produktionsstätten. Von den einstmals 3 000 Arbeitsplätzen sind nach 1989 nur noch ein Bruchteil geblieben.

An der Backsteinfassade sind die Initialen des Gründers der Ölmühle (SH) und die Jahreszahl der Erbauung der Gebäude (1856) ablesbar. Die Villa und das Kontor des Berliner Fabrikanten Salomon Hertz befinden sich auf dem ursprünglichen Ölmühlengelände.

Die alte Fabrikantenvilla wird durch Bäume und Sträucher verdeckt.

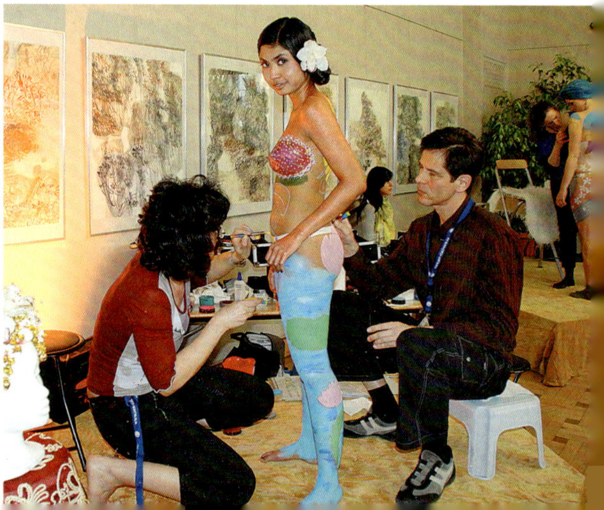

Rechts oben: Durch die Ölmühle, die Nähmaschinenfabrik (1903), das Bahnwerk, die Norddeutsche Maschinenfabrik (1935) und die Zellstoff- und Zellwollwerke (1937) wurde Wittenberge zum wichtigsten Industriestandort der Prignitz. Gegenwärtig ist es um die Hafenstadt an der Elbe ruhiger geworden. Nur in den Zeiten der Elbfestspiele und anderer kultureller Veranstaltungen finden sich hier Hunderte von Opernfreunden und Besuchern ein, die das Bild beleben. An solchen Tagen sind die historischen Orte des Elbufers, wo sich einst die großen Ölmühlen, Umschlag- und Lagerplätze befanden, wieder mit Leben erfüllt.

■ Im Hintergrund der Dampferanlegestelle sieht man das Industriegelände von Salomon Hertz. Jetzt befindet sich auf dem Industrieareal das Festzelt für die Aufführungen der »Elblandfestspiele«. In den ehemaligen großen Fabrikräumen bieten sich gute Möglichkeiten für kulturelle Veranstaltungen.

■ Im Kultur- und Festspielhaus von Wittenberge fand das Norddeutsche Bodypainting-Festival statt. Nah- und fernöstliche Phantasie und malerische Fertigkeiten waren gefragt.
Eine Wiederholung des Festivals ist geplant.

■ Auen- und Polderlandschaften begleiten den Flusslauf der Elbe bei Wittenberge. Die feuchten Auenlandschaften sind ein hervorragendes Rückzugsgebiet für Vögel und Reptilien, die hier genügend Nahrung finden.

■ In Dannenwalde ist die einstige Wassermühle, die »Bekemühle«, restauriert und zu einem Hotel ausgebaut worden.

■ Im Dorf Rühstädt, nahe den Elbauen, sind auf vielen Dächern und Schornsteinen Storchennester zu finden, so dass es als das »Storchendorf« bezeichnet wird. In den nahe gelegenen Wiesen von Bälow gehen die Störche auf Futtersuche.

Am Ortsrand von Dannenwalde befindet sich ein Hünengrab, das ca. 2 700 Jahre alt ist. Der bronzezeitliche Grabhügel wurde vermutlich um 1900 geöffnet. Die gefundenen Grabbeigaben waren eine sorgfältig gearbeitete Spiralplattenfibel, ein bronzenes Rasiermesser, vier Bronzeringe mit unterschiedlichen Formen und Verzierungen. Bis zum Jahre 1945 waren diese im Gutshaus von Dannenwalde ausgestellt; seit dem Kriegsende sind sie verschollen.

Wie in den anderen Feuchtgebieten Brandenburgs durchziehen auch hier bei Dannenwalde künstlich angelegte Gräben die flache Weidelandschaft der Prignitz, um das Land zu entwässern.

Die Wunderblutkirche St. Nikolaus von Bad Wilsnack im Landkreis Prignitz blieb bis zur Mitte des 16. Jh. der berühmteste Wallfahrtsort in Nordeuropa. Ritter Heinrich von Bülow hatte 1383 Wilsnack in Brand gesetzt. Nach dem Stadtbrand fand der Priester Johannes Cabbuez drei Hostien, die rot gefärbt und unverbrannt waren. Der Bischof von Havelberg Dietrich II. von Man bestätigte das Hostienwunder, und Wilsnack wurde daraufhin zum fünftgrößten Wallfahrtsort des christlichen Abendlandes. Die Entdeckung der drei unbeschädigten Hostien war für Hunderttausende von Pilgern der Grund, das »Heilige Blut« in Bad Wilsnack zu besuchen.
Als der erste evangelische Pfarrer Joachim Ellefeld, der 1552 sein Amt antrat, die Wunderbluthostien verbrannte, setzte er damit der Pilgerbewegung ein Ende. Daraufhin wurde er auf der nahe gelegenen Plattenburg inhaftiert und später vom Kurfürsten des Landes verwiesen.
Die große Backsteinkirche, deren Kirchenschiff wesentlich vergrößert werden sollte, erfuhr durch die Säkularisierung einen Baustopp, so dass die Umbauarbeiten unvollendet blieben. Die ursprünglich geplante Länge des neuen Kirchenschiffes wurde nicht ausgeführt. Mit dem Bau der heutigen Giebelfassade fanden die Bauarbeiten ihren Abschluss. Ein neuer Turm wurde nicht mehr errichtet. Das Gotteshaus erhielt deshalb nur einen Dachaufsatz mit Türmchen und Laterne.
Heute wird die in norddeutscher Backsteingotik errichtete Kirche für viele kulturelle Zwecke genutzt. So finden im Rahmen des Prignitzsommers und der Brandenburgischen Sommermusiken Konzerte statt. Aber auch Lesungen, Vorträge, Ausstellungen und Fachtagungen der Theologischen Fakultät der Humboldt-Universität Berlin werden durchgeführt.

Das Rathaus von Bad Wilsnack wurde um 1880 errichtet und steht an der zum Platz erweiterten Straße.

Die ursprüngliche Verbindung, als »Bischofsgänge« bezeichnet, führte von der Kirchenempore zum einstigen Prälatenhaus. Der Bau mit Nischen und Fenstern wurde vermutlich in der 1. Hälfte des 15. Jh. angelegt.

Die Innenansicht der Kirche St. Nikolaus in Bad Wilsnack mit Kreuzrippengewölbe und hoch aufragenden farbigen Kirchenfenstern aus dem 15. Jh.

Schöne ornamentale Schmuckelemente der norddeutschen Backsteingotik, die vom Können ihrer Baumeister zeugen, sind in die Kirchenfassade eingefügt. Der Eingang des Spitzbogenportals ist jedoch aus Sandstein gefertigt.

Die Erbauungszeit der Dorfkirche von Kletzke liegt etwa in der 2. Hälfte des 13. Jh. Sie ist ein ursprünglich flach gedeckter Saalbau mit halbkreisförmiger Apsis. Bereits im 15. Jh. wurden Teile der Kirche erneuert. Im 17. Jh. erhöhte und verlängerte man das Kirchenschiff mit zweigeschossigem Fachwerkturm. Neun Fenster an der Westseite des Turmes und drei schmale Eingangsportale der Spätrenaissance schmücken die Frontansicht des Gotteshauses. Zwischen den Eingängen sind zwei Grabsteine der Familie von Quitzow aufgestellt worden. Zur Ausstattung der Kirche gehören ein spätbarocker hölzerner Kanzelaltar, ein sandsteinernes Taufbecken und weitere figürliche Grabmäler der Quitzows.

Herbstlich gefärbtes Laub an der Landstraße bei Breese.

In dem kleinen lang gestreckten Dorf Kuhbier, einem unspektakulären Ort in der Prignitz, der durch seine schöne Kirche auffällt, findet alljährlich das spektakuläre »Kuhstock-Open-Air« auf grüner Wiese statt. Dann füllt sich der Ort mit Besuchern und Musikliebhabern, die auf dem Weg zum Festival für Metal-, Punk- und Rockmusik sind.

Die Landschaftsbilder der Prignitz werden von weitläufigen Wiesen, einzeln stehenden Baumgruppen und größeren zusammenhängenden Waldstücken geprägt. Das sich ansammelnde Wasser des Luchlandes wird über Hunderte von künstlich angelegten Gräben und Kanälen in die großen Flüsse abgeleitet. Dadurch kann das so gewonnene Land als Weide- und Ackerland genutzt werden.
Vor dem Waldsaum steht eine imaginäre hölzerne Figur; es sind die verwitterten Reste eines großen Baumes.

Einen stillen Eindruck macht das kleine Dorf Weisen, das zwischen Wittenberge und dem Naturpark Elbetal liegt.
Auf dem alten, inzwischen grablosen Gottesacker im Zentrum des Dorfes steht die Kirche mit gewölbtem Turmdach und Laterne. Die Dorfkirche ist ein Beispiel dafür, wie statt des traditionellen Lehmfachwerks der Backstein für die Ausfachung Verwendung fand. Nach der Fertigstellung der hölzernen Konstruktion wurden die Fächer mit Backsteinen gefüllt.

Das renovierte Gutshaus von Weisen. Die Schmuckelemente des Hauses wurden bei der Sanierung der Putzfassade farbig hervorgehoben.

Oben links: Die massive Dorfkirche in Giesensdorf zeigt die Verquickung von Feld- und Backsteinmaterial im Kirchenbau.

Oben rechts: Dorfkirche von Sarnow. Die Formen der märkischen Kirchen sind trotz aller Schlichtheit sehr unterschiedlich. Die frühen Kirchenhäuser wurden aus Feldstein errichtet, einem festen Baustoff, den es reichlich in der Region gab. Später wurden viele Gotteshäuser mit Backsteinen ausgebessert, ergänzt oder überbaut, bis der Backstein den Feldstein endgültig ablöste. Die Kirchen dienten zur Andacht, wurden aber auch zu Wehrzwecken genutzt.

Unten: Die schlichte Dorfkirche von Viesecke aus Feldstein mit breitem Westturm. Ende des 15. Jh. oder später wurde die Ostwand in Ziegelfachwerk erneuert, und das Gotteshaus erhielt ein verbrettertes Glockengeschoss. Der in Backstein gestaltete Giebel erweckt so den Eindruck norddeutscher Baukultur.

Die Plattenburg in der Prignitz wurde in den Zeiten des Wendenkreuzzuges 1147 und der Osteroberung unter Albrecht dem Bären in den Wäldern der Karthaneniederung als Wasserburg errichtet. Die mächtigen backsteinernen Gebäude der Ober- und Unterburg waren jeweils von Wassergräben umgeben. Von 1319 bis 1548 blieb die Burg in bischöflich-havelbergischem Besitz und wurde als Sommerresidenz genutzt. Im 16.–19. Jh. erfolgte der kontinuierliche Ausbau der im Kern mittelalterlichen Burg. Der barocke Garten entstand Anfang des 18. Jh. Von 1552 bis 1945 lebte die Familie von Saldern in der Burg, deren Herrschaft mit der Bodenreform von 1945 endete.

Die Plattenburg ist die älteste erhaltene Wasserburg in Norddeutschland. Mehrere Umbauten vom 16. bis 19. Jh. gaben der Anlage ihr heutiges Aussehen. Die verlassene Burg diente nach 1945 der Unterbringung von Flüchtlingsfamilien. Einige Teile der Burg blieben erhalten, und so sind die historischen Räume im Bischofsflügel sowie der Rittersaal innenarchitektonische Zeugnisse der Spätrenaissance. Bemerkenswerte Steinmetz-, Stuck- und Tischlerarbeiten verliehen der Ausstattung des Wohnsitzes hohe Qualität.

Fischteich der Plattenburg.

Links: Eine Bischofsfigur (Reliefdarstellung des heiligen Laurentius, Schutzpatron der Reisenden) aus dem 14. Jh. steht im Durchgang zum Innenhof der Burganlage.

Der erste Schnee ist gefallen. Wie mit Puderzucker ist das Grasland, wo sonst die Rinder weiden, überzogen worden. Die Rinder sind in den Wintermonaten in ihren Stallungen. Nur besondere Rinderarten, die Kälte und Schnee gewohnt sind, verbleiben auf den Weiden. Dabei sind weniger die klimatischen Verhältnisse von Bedeutung als vielmehr die Bodenverhältnisse. Feuchte, zur Vernässung neigende oder wenig tragfähige Böden scheiden in der Regel aus.

Lange Gräben durchziehen das saftige Weideland, und vereinzelte Waldstücke beleben die ausgesprochen flache Region.

Pritzwalk war ursprünglich eine slawische Siedlung an der Dömnitz, der schon 1256 das Stadtrecht verliehen wurde. Hier entstand eine Kaufmannssiedlung für den Handel mit Tuchen und Getreide. Die Stadt wurde mit gitterförmigem Straßennetz angelegt. Große Teile der mittelalterlichen Stadt wurden im Jahre 1821 vernichtet. Am zentral gelegenen Markt befindet sich die spätgotische dreischiffige Kirche St. Marien und St. Nikolai.

Landkreis Ostprignitz-Ruppin

2

Der Landkreis, dessen Grenzen im Jahre 1993 neu festgelegt wurden, berührt südlich das Havelland und nördlich das Bundesland Mecklenburg-Vorpommern. Westlich wird es von der Prignitz und östlich vom Landkreis Oberhavel begrenzt.

Bei Rheinsberg, Fürstenberg, Neuruppin und Lindow befinden sich die größten Gewässer des Landkreises. Von Norden nach Süden fällt das leicht hüglige Land zum Rhinluch sanft ab. Neuruppin, Wittstock, Rheinsberg, Kyritz, Neustadt, Wusterhausen und Fehrbellin gehören zu den größeren Städten der Region Ostprignitz-Ruppin. Die heutige A24 verläuft diagonal durch das Territorium und verzweigt sich bei Wittstock, wo die A19 nördlich nach Rostock abzweigt. Von ihr führen weitere Bundesstraßen ins Land.

Theodor Fontanes »Wanderungen durch die Mark Brandenburg«, auch mit Beschreibungen Neuruppins und des Ruppiner Landes, und »Rheinsberg, ein Bilderbuch für Verliebte« von Kurt Tucholsky gehören wohl zu den bekanntesten Büchern über diese Region. Zwei bedeutende Persönlichkeiten, Karl Friedrich Schinkel und Theodor Fontane, wurden in Neuruppin geboren. Sie haben für die Baukultur, die Literatur und die Bewahrung kulturellen Erbes für Brandenburg und Deutschland Hervorragendes geleistet.

Schloss Rheinsberg, eine zweigeschossige Dreiflügelanlage, ist von einer herrlichen Parkanlage umgeben und liegt am Grienericksee. Der Ehrenhof wird zur Seeseite von Säulenkolonnaden abgeschlossen. An den Seitenflügeln bilden vorgesetzte Rundtürme den Abschluss.
Den Ursprung des Ortes bildete die ehemalige Grenzfeste der Grafschaft Ruppin, die gegen Mecklenburg errichtet wurde. Burg und Flecken werden erstmalig 1335 erwähnt und 1368 als »civitas« bezeichnet. Von 1465 bis 1618 blieb die Burg im Besitz der Familie von Bredow.

Der Obelisk steht auf der anderen Seite des Sees, dem Schloss gegenüber. Er wurde 1791 von Prinz Heinrich eingeweiht und trug die Namen preußischer Militärs des Siebenjährigen Krieges.

Das Territorium der Prignitz und des Ruppiner Landes wurde im 12. Jh. durch Eroberungsfeldzüge der Askanier gegen die slawischen Siedler zurückgewonnen. Der Bischof von Havelberg rief den Landadel der Grafen von Ruppin aus der Harzregion herbei, die hier Besitz nahmen. Nach dem Aussterben des Geschlechtes der Ruppiner Grafen fiel das Land wieder an die brandenburgischen Kurfürsten zurück.

Das Schloss Rheinsberg am Grienericksee, in reizvoller Landschaft, war der Sitz des Kronprinzen Friedrich in den Jahren von 1736 bis 1740.

Sein Vater Friedrich Wilhelm I. hatte das Wasserschloss, das vordem den Grafen von Ruppin, der Familie von Bredow und zuletzt der Familie de Béville gehörte, 1733 erworben. Georg Wenzeslaus von Knobelsdorff baute das Schloss unter Verwendung alter Elemente für den Kronprinzen um, der sich hier einen geistig anspruchsvollen Freundeskreis schuf. Als Kronprinz Friedrich 1740 den Thron bestieg, schenkte er das An-

Die Stadtkirche von Rheinsberg St. Laurentius. In die gelbe Fassade wurde eine Sonnenuhr eingefügt.
Die mittelalterliche Stadt war befestigt. Nach einem Stadtbrand von 1740 wurde Rheinsberg in gitterförmigem Raster neu angelegt. Der Baumeister Georg Wenzeslaus von Knobelsdorff leitete die Baumaßnahmen. Die Neubebauung erfolgte mit ein- bis zweigeschossigen Häusern. Markt- und Kirchplatz liegen an der Hauptachse des Ortes.

Drei Kremsergespanne stehen vor dem Parkeingang und warten auf Kundschaft.

wesen seinem Bruder Prinz Heinrich. Mitte bis Ende des 18. Jh. folgten mehrere Umbauten des Schlosses, wie der Einbau des Muschelsaales durch den Baumeister Carl Gotthard Langhans. Bereits um 1734 wurde von dem Gärtner Johann Samuel Sello nach Entwürfen von Knobelsdorff der Park angelegt, der 1753 durch eine phantasievolle Einbindung der umgebenden Landschaft erweitert wurde. Das Heckentheater, die Orangerie, die Grotten, die Grabpyramide für Prinz Heinrich blieben erhalten. Nach dem 2. Weltkrieg erfuhr das Schloss eine fremde Nutzung als Sanatorium für Diabetiker. Nach 1989 wurde das Gebäude saniert und der Öffentlichkeit zurückgegeben.

Unter der Anleitung namhafter Künstler finden hier alljährlich interessante Theater- und Musikaufführungen statt. Im Jahre 1991 wieder aufgebauten Schlossparktheater, im Park und im einmaligen Rheinsberger Heckentheater wird gespielt. Stadt und Schloss wurden zum »Mekka« der Musik- und Kunstliebhaber.

Rheinsberg ist mit seiner Kammeroper, die vom Komponisten Prof. Siegfried Matthus geleitet wird, zu einem internationalen musikalischen Höhepunkt geworden. Ein künstlerisch anspruchsvolles Programm von Konzerten, Opernaufführungen, von der Operngala bis hin zur Operndiskussion für Kinder, und »Der singende See« mit Abendliedern bei Sonnenuntergang sorgen für die musikalische Unterhaltung des Publikums. Junge Talente aus aller Welt, die sich für Rheinsberg bewerben, schaffen mit ihren Leistungen eine internationale Ausstrahlung weit über die Grenzen des Landes hinaus.

Wittstock an der Dosse gehört zu den wichtigsten Städten im Landkreis. Slawische Stämme waren vermutlich die ersten Siedler am Ort. Eine Burg bildete den Ausgangspunkt für die Stadtentwicklung, die im 12. Jh. dann dem Bistum von Havelberg zugeordnet wurde. Um 1240 wurde die Stadt mit gitterförmigem Straßenraster angelegt, in deren Zentrum der Markt liegt. Danach erhielt die Stadt eine hohe unregelmäßige mit Wehrtürmen versehene Stadtmauer, wovon große Teile erhalten blieben.

Die dreischiffige gotische Backsteinkirche St. Marien befindet sich zwischen Markt und Burgruine. Der westliche Turm trägt eine Laterne mit Helm, an der Ostseite der Kirche ist eine reich verzierte Giebelfassade mit Blendwerk sehenswert. Zur Kirchenausstattung gehört unter anderem ein spätgotischer Schnitzaltar, vermutlich das Werk eines Lübecker Künstlers. Das Rathaus wurde 1905 unter Einbeziehung der historischen Bausubstanz neu aufgebaut. Es schließt sich die aus dem 15. Jh. stammende Gerichtslaube an. Zu den Gebäuden des inneren Stadtzirkels gehört auch die erhaltene Heiliggeistkapelle, deren Innenarchitektur jedoch verändert wurde.

Vom Renaissanceschloss in Freyenstein ist noch der Gebäuderest des Westflügels erhalten, der heute als Museum genutzt wird. Die Reste der Außenfassade sind mit Gesimsen und Medaillons aus Terrakotta verziert. Zur Anlage gehört auch das so genannte Neue Schloss, ein Frühbarockbau mit einem Turm, der mit dem Wittstocker Stadttor verbunden ist.

In der Nähe der heutigen Stadt Freyenstein haben Archäologen den ursprünglichen Stadtgrundriss vorgefunden. Mehr als 100 Keller wurden bei neueren Grabungsarbeiten freigelegt. Im Archäologischen Park Freyenstein können diese Ausgrabungen besichtigt werden. Die ca. 25 ha große Stadtwüstung gehört zu den besterhaltenen mittelalterlichen Bodendenkmalen Deutschlands und soll systematisch zu einer Museumslandschaft erschlossen werden.

Heiligengrabe ist ein ehemaliges Zisterzienser-Nonnenkloster, gestiftet 1289, und die Stiftskirche ein einschiffiger Backsteinbau aus dem 15. Jh., der Anfang des 18. Jh. nach einem Brand verändert wurde. Die Kapelle des Heiligen Grabes ist ein spätgotischer Backsteinbau um 1500, mit Sterngewölbe und Staffelgiebel. Heiligengrabe wurde durch ein Hostienwunder zum Wallfahrtsort. Nach dem 2. Weltkrieg diente die Anlage als Damenstift und Klosterschule. Heute wird Heiligengrabe teilweise kirchlich und museal genutzt. Große Teile der Anlage sind restauriert worden.

Neuruppin wurde von den Herren von Ruppin in der 1. Hälfte des 13. Jh. gegründet und erhielt 1256 das Stadtrecht. Der Ort war das wirtschaftliche Zentrum der neuen Grafschaft. Bereits 1291 wurde die Stadt als »civitas nove Repin« in Dokumenten erwähnt. Die dominierende Klosterkirche des ehemaligen Dominikaner-Klosters wurde um 1300 dreischiffig angelegt. Die Türme sind 1904–1907 errichtet worden. Zur Kirche, die von Mauerresten der Klosteranlage umgeben ist, gehören viele bemerkenswerte Ausstattungsstücke.

Die Siechenhauskapelle ist ein spätgotischer Backsteinbau. Das Portal ist mit Darstellungen von Christus und des hl. Franziskus verziert.

Nach einem großen Stadtbrand im Jahre 1787 erfolgte der Wiederaufbau durch Errichtung klassizistischer Häuser. Die Stadt wurde nach rechtwinkligem Straßenraster am Ufer des Ruppiner Sees wieder aufgebaut. Friedrich Wilhelm II. förderte den raschen Wiederaufbau.

Zu den Einwohnern Neuruppins zählte in den Jahren 1732–1736 auch Kronprinz Friedrich, bevor er nach Rheinsberg zog. Er bildete in Neuruppin sein Regiment aus. In den freien Abendstunden zog es ihn in den Almatheagarten, der sich nur unweit von seinem Quartier befand (Almathea war die Nymphe, die den römischen Gott Jupiter mit Ziegenmilch aufzog). Im Tempel des Gartens, in dessen Souterrain sich eine kleine Küche befand und dessen Dach von sechs Säulen getragen wurde, gaben sich abends die Freunde ein Stelldichein. Das Innere des Tempels wurde zum Speisezimmer, wo bei langen Gesprächen die Zeit verrann.

Der Schlosskomplex und der großzügig angelegte Park von Rheinsberg liegen unmittelbar am Grienericksee. Im Park befinden sich historische Bauten wie die Grotten, die Pyramide und der Obelisk. Das »Heckentheater« unter freiem Himmel ist eine Besonderheit, die sich großer Beliebtheit bei den Besuchern erfreut. Das »grüne Theater« ist wie eine Bühne angelegt, bei der die Hecken die Aufgabe der Kulissen übernehmen, in denen die Schauspieler agieren. Engelbert Humperdincks Märchenoper »Hänsel und Gretel« sowie viele andere Stücke gehören zum interessanten Repertoire des Heckentheaters.

In der Hauptalle der Parkanlage befindet sich der Gartensalon, der ursprünglich als Orangerie geplant war. 1790 wurde das Gebäude nach Abbruch der Seitenflügel zum offenen Pavillon umgebaut.

Nachdem mehrmals die Besitzer gewechselt hatten, erwarb 1853 der Neuruppiner Kaufmann Johann Christian Gentz diesen Tempelgarten und ließ eine Villa errichten. Der Architekt Carl Valentin Diebitsch entwarf das Ensemble im Zuge der Kulturbewegung Orient–Europa im maurischen Stil. Das »Café Tempelgarten«, das noch heute vom Charme des orientalischen Ambientes lebt, ist in den Wohnräumen des einstigen Kaufmanns eingerichtet worden. Noch immer ist der Almatheagarten und die orientalische Architektur ein beliebtes Ziel für Touristen und Neuruppiner.

Der überwiegende Teil der Stadtanlage steht unter Denkmalschutz. Durch die ausgezeichnete Lage am See hat die Stadt einen besonderen Reiz.

In Neuruppin, der Schinkel- und Fontanestadt, gab es weitere Besonderheiten, die mit Kunst und Kultur verbunden waren. So wurden die »Neuruppiner Bilderbogen« im 19. Jh. weit über die Landesgrenzen hinaus bekannt. In fast jedem Haushalt Deutschlands gab es die kräftigen farbigen Drucke, die religiöse, erbauliche, humoristische oder allgemein bildende Themen ansprachen und abbildeten (Abb. S. 8).

Neuruppin wurde zum Zentrum des Bilderbogendruckes. In den Neuruppiner Druckereien Gustav Kühn, Oehmigke & Riemenschneider und F. W. Bergemann wurden mehr als 20 000 unterschiedliche Motive hergestellt, die anschließend in den Kolorierwerkstätten ihre leuchtende Farbigkeit erhielten.

Die Erfindung des Steindrucks durch Alois Senefelder machte es möglich, in gleich bleibender Qualität die Druckbogen zu produzieren. Sie gingen in die ganze Welt.

Wie in den anderen Regionen Brandenburgs, so haben sich auch in der schönen Landschaft der Ruppiner Schweiz und in der geschichtsträchtigen Fontane- und Schinkelstadt Neuruppin viele Künstler angesiedelt.

Der Bildhauer Matthias Zágon Hohl-Stein wie auch Maler, Grafiker, Modegestalter, Keramiker und Illustratoren haben im Ruppiner Land ihren Platz gefunden. Sie werben auf Ausstellungen, Kunstauktionen, Kunstmärkten und im Internet für ihre Werke.

Einige Museen in der Region, wie z. B. das Storchenmuseum Linum, das Kutschenmuseum Neustadt/Dosse, die Bilderbogen-Galerie Neuruppin, das Lügenmuseum Kyritz, das Museum Klosterstift Heiligengrabe und das Schlossmuseum Rheinsberg zeigen viele interessante Ausstellungsstücke.

Im Dorf Kampehl lebte im 17. Jh. Christian Friedrich von Kahlbutz, ein brandenburgischer Ritter, der sich im Krieg gegen Schweden hervorgetan hatte und dafür vom Kurfürsten Friedrich Wilhelm mit dem Gut Kampehl bei Kyritz erbbelehnt wurde. Ritter Kahlbutz war verheiratet und hatte elf eheliche und dreißig außereheliche Kinder. Er übte häufig das feudale Recht der ersten Nacht aus. So sollte es auch im Juli 1690 mit der Braut des Schäfers Pickert von Bückwitz werden. Die Schäferbraut Maria Leppin verweigerte sich aber. Ritter Kahlbutz erschlug den Schäfer, als der seine Schafe beim Weiden über die Äcker des Ritters trieb.

Die Braut des Schäfers beschuldigte den Ritter des Mordes, dem daraufhin der Prozess gemacht wurde. Der adlige Ritter, dem man Sonderrechte zubilligte, schwor in einem Reinigungseid vor Gericht, dass er unschuldig sei, und wurde freigesprochen. Als der Ritter 1702 in Kampehl starb, legte man ihn in einen eichenen Doppelsarg, der in der Patronatsgruft beigesetzt wurde. Als die Kirche im Jahre 1794 renoviert wurde, fiel auf, dass der Leichnam des Ritters Kahlbutz nicht verwest war.

Die Bürger fanden bald eine Erklärung für die Mumifizierung. Sie sahen darin die gerechte Strafe Gottes, denn der Kahlbutz soll vor Gericht geschworen haben, »... wenn ich der Mörder gewesen bin, so soll mein Leichnam nicht verwesen«.

Die natürliche Verwesung wurde wohl durch klimatische Umstände verhindert.

Der Park hat herrliche Blumenrabatten.

Das wieder aufgebaute Schlosstheater fügt sich an das ehemalige Kavalierhaus, heute Musikakademie, an. Der ursprüngliche Bau wurde unter Georg Wenzeslaus von Knobelsdorff 1738 begonnen und durch Carl Wilhelm Hennert 1771–1774 zu einem repräsentativen Haus ausgebaut.

Blick auf die Sitzreihen, den Orchestergraben und die gestaffelten Hecken des Freilichttheaters.

Das Grabmal für Prinz Heinrich ist in Form eines Pyramidenstumpfes gestaltet. Der Prinz verstarb im Jahre 1802. Eine Grabinschrift befindet sich im vermauerten Eingangsbereich.

Im Umland von Rheinsberg sind viele kleine versteckte Seen mit lauschigen Ufern zu finden.

Nordwestlich von Wittstock, im letzten Winkel des Landkreises und nahe der Grenze zu Mecklenburg-Vorpommern, liegt Freyenstein. Die alte Feldsteinkirche von Freyenstein überragt die Häuser des Ortes. Der Ort ist in rechtwinkligem Gitternetz angelegt, und auf dem Marktplatz befinden sich Kirche und Rathaus. Durch Brände sind viele ältere Teile der Stadtbebauung zerstört worden. Fachwerkhäuser aus dem 18. und 19. Jh. prägen heute das Bild.

Das Renaissanceschloss Freyenstein wird erstmalig 1263 erwähnt. Weit im Norden des Landkreises liegt der Ort Freyenstein, der aus einer Grenzfeste gegen Mecklenburg hervorging. Die sich daraus entwickelnde Stadt wurde des Öfteren zerstört und an einer nahe gelegenen Stelle wieder aufgebaut. Unter den Markgrafen Otto IV. und Konrad I. erfolgte 1287 die Neugründung der Stadt an besser geschützter Stelle. Sie erhielt als einzige Stadt der Prignitz brandenburgisches Stadtrecht. Curdt von Rohr beauftragte 1556 den Baumeister Dominicus Parr mit dem Bau der dreiflügligen Renaissance-Schlossanlage.
Die Besitzer wechselten häufig. Die Adelsfamilien von Rohr und von Winterfeld residierten hier. Über die Jahrhunderte verlor die Stadt an Bedeutung. Erst in der 2. Hälfte des 19. Jh. wurde dem Ort wieder Stadtrecht eingeräumt. Die Stadtbefestigungen sind größtenteils beseitigt worden, und nur das Wittstocker Tor, unmittelbar mit dem Neuen Schloss verbunden, hat überdauert.

Das Schloss aus der Renaissance wurde anstelle einer älteren Burg errichtet. Die Anlage, einst von Wasser umgeben, ist heute eine Ruine, wovon nur noch ein reich mit Terrakottaschmuck verzierter Teil erhalten ist. Für die Restaurierung des Terrakottaschmuckes der Außenfassade wurden Teile in der Werkstatt Hedwig Bollhagens in Marwitz bei Velten zur Ergänzung nachgeformt.
Das Alte und das Neue Schloss standen außerhalb der ursprünglichen historischen Befestigungsanlagen der Stadt.

Giebelfront des Neuen Schlosses Freyenstein von der Parkseite. Wehrhaft wirkt der Baukörper des »Festen Hauses«, ein dreigeschossiger Putzbau, der 1564/1565 errichtet wurde. Mehrere Überbauungen wurden in den vergangenen Jahrhunderten vorgenommen und die innere Architektur vielfach verändert.
Gut zu erkennen sind die vermutlich später angesetzten starken Stützpfeiler. Sie setzen an den Ecken des Gebäudes an, um die Last des massiven Hauses abzufangen.

Giebel des Neuen Schlosses mit angrenzendem Wittstocker Tor, dem Torturm der Stadtmauer. Von den Erkern des Turmes hatte man eine gute Sicht auf die einstige Stadtmauer. Unmittelbar am Fuße des Turmes führt die Hauptverkehrsstraße vorbei.
Im Gebäude befindet sich die Stadtbibliothek.

Die Reste des Renaissanceschlosses Freyenstein (Altes Schloss) strahlen eine gewisse Leichtigkeit aus.
Die in die Fassade eingearbeiteten besonderen Ornamentteile setzen sich kontrastreich von dem hell gestrichenen Putzmauerwerk ab. Der Terrakottaschmuck ist typisch für Norddeutschland und wahrscheinlich von dem niederländischen Meister Statius van Düren, der in Lübeck eine Werkstatt betrieb, angefertigt worden. Das Schloss, hier von der Hofseite gesehen, ist das Herzstück der Parkanlage. Der runde erhaltene Treppenturm verbindet die drei Stockwerke, in denen das Regionalmuseum untergebracht ist.

Schmuckgiebelfassade und Seitenansicht der Heiliggrabkapelle, auch »Blutkapelle« genannt. Der gewölbte Saalbau ist aus rotem Backstein errichtet. Im Jahre 1512 wurde die Kapelle von Heiligengrabe unter der Äbtissin Anna von Rohr geweiht.
Bei dem Dorf Techow wurde das Zisterzienserinnenkloster gegründet. Es nahm insbesondere Töchter des territorialen Landadels auf. Es ist die einzige nahezu vollständig erhaltene Anlage eines Frauenklosters, die zu den bedeutendsten Denkmälern der vorreformatorischen Zeit in Brandenburg zählt.

Eingang zur Klosterkirche mit Ziergiebel und Stiftswappen von 1899.
Markgraf Otto V. gründete das westlich von Wittstock gelegene Kloster im Jahre 1287. Der Kult um das Heilige Grab entstand Anfang des 16. Jh. Durch die Wallfahrt wurde Heiligengrabe zu einem der bedeutendsten Klöster im Norden Brandenburgs. Im Verlauf der Reformation wurde Heiligengrabe 1549 in ein evangelisches Damenstift umgewandelt und diente seit 1847 auch als Erziehungs- und Unterrichtsanstalt. Seit 1946 ist Heiligengrabe ein Diakoniehaus mit Pflegeheim und Paramentenwerkstatt (Herstellung von Stoffen, Kleidung und Gegenstanden für den kirchlichen Gebrauch).
Zur weitläufigen Klosteranlage gehören viele Wirtschafts- und Wohngebäude.

Neben der Klosterkirche schließen sich Häuser aus Feldstein, Backstein und Fachwerk an, hinter denen sich das Geviert des Kreuzganges befindet.

Seite 60/61: Kleiner Teich im Klosterpark von Heiligengrabe.

Seite 61: Das Innere und die Apsis der Klosterkirche, die am Ende des 13. Jh. aus Feld- und Backsteinen errichtet wurde.

Detail des Taubenhauses.

Ansicht der Westseite der Klosteranlage. Das Land Brandenburg hat die Entwicklung des Klosterstifts als Ort der Kultur maßgeblich gefördert, so dass Heiligengrabe als Kultureinrichtung wieder über die Landesgrenzen hinaus wirkt. Das ehemalige Stiftshauptmannshaus wurde im Jahr 2001 als Museum der Öffentlichkeit zugänglich gemacht. Die Sanierung der Klosteranlage wird seit 1998 im Rahmen des Denkmalpflegeprogramms zur Erhaltung von Kulturdenkmälern von nationaler Bedeutung unterstützt.
Die Restaurierungsarbeiten am Kreuzgang und der anliegenden Räume des über 700-jährigen Klosterstifts wurden im Jahre 2007 abgeschlossen.

Taubenhaus auf dem Wirtschaftshof des Klosters.

Wohngebäude der Klosteranlage von Heiligengrabe.

*Die ursprüngliche Klappbrücke von 1787 der Schleuse Wustrau-Altfriesack über den Rhinkanal war aus Holz gefertigt.
Der Klappmechanismus bildet den Blickfang für das heute unter Denkmalschutz stehende und nach holländischem Vorbild errichtete Schleusenensemble. Im Jahre 1927 wurde die alte Brücke durch eine Stahlkonstruktion ersetzt und im Jahre 1994 gänzlich erneuert.*

*Das von üppigen Blumenrabatten umgebene Schleusenwärterhaus.
Die Ortsteile Wustrau und Altfriesack befinden sich an der Südspitze des Ruppiner Sees.
Bereits im 12. Jh. siedelten hier Slawen. Der Ort wurde erstmalig 1288 urkundlich erwähnt.
Schloss und Landschaftspark der ehemaligen Gutsherrenfamilie von Zieten liegen direkt am See, hier befindet sich heute die Richterakademie. Bekannt wurde der Ort durch den preußischen Husarengeneral Hans-Joachim von Zieten (1699–1786).
Der Name Wustrau lässt sich vom slawischen »ostrow« ableiten, das soviel wie »von Wasser umflossener Ort« bedeutet.
Der kleine Ortsteil Altfriesack wurde urkundlich erst 1421 erwähnt und ist durch eine Straße mit dem Ort Wustrau verbunden.
Der weitgehend erhaltene historische Dorfkern des einstigen Fischerdorfes liegt auf der Insel an der Verbindung zwischen dem Ruppiner See und dem südlich anschließenden Bützsee.*

Getränke und Picknickkorb sollten bei Ausflügen ins Brandenburgische nicht fehlen. Vielerorts sind Plätze zu finden, die zum Ausruhen einladen.

Glutroter Sonnenuntergang im Ruppiner Land.

Wenn das Frühjahr beginnt und das ausgeästete Holz der Bäume verbrannt wird, treffen sich Familien und Freunde am wärmenden Lagerfeuer. Es ist noch kühl im Frühjahr, und nur am Feuer ist es möglich, die Nacht zu genießen.

Rechte Seite oben: Die spätgotische Feldsteinkirche von Rossow wurde im 16. Jh. im Innern großflächig ausgemalt. Apostel, Heilige, die Passion Christi und Dämonen schmücken die Wände. Vor der Westwand steht ein besonderes Altarretabel aus dem 14. Jh., das wahrscheinlich den ehemaligen Hauptaltar des Havelberger Domes schmückte. Die Figuren des Schreins werden kölnischen Künstlern zugeordnet, die Malereien dagegen der böhmischen Schule. Seit 1607 befindet sich der Schrein in der Rossower Kirche.

Auch zu Pferde kann man Brandenburg erkunden. Die Reiter haben im Dorf Rossow eine Mittagspause eingelegt.

■ *Im ehemaligen Gymnasium von Neuruppin befindet sich das Kulturzentrum der Stadt.*
Neuruppin ist die Geburtsstadt des Baumeisters, Architekten, Malers und Bühnenbildners Karl Friedrich Schinkel und des Apothekers, Journalisten und Schriftstellers Theodor Fontane, der im Haus der Löwenapotheke geboren wurde.
Im Heimatmuseum befinden sich Dokumente und Ausstellungsstücke des bedeutendsten Baumeisters des deutschen Klassizismus und des großen Romanciers des 19. Jh.

■ *Blick zur ehemaligen Hospitalkapelle St. Lazarus.*

Am Ufer des Sees von Neuruppin wurde 1246 das Dominikanerkloster gegründet und mit dem Bau der spätromanischen Kirche St. Trinitatis begonnen.
Ein Kreuzrippengewölbe mit fünf Jochen überspannt die Backsteinhalle des Gotteshauses, an die sich nach Osten ein lang gestreckter Chor anschließt. Seit dem Jahre 1564 ist die ehemalige Klosterkirche evangelische Pfarrkirche.
Die einst turmlose Kirche erhielt 1904–1907 zwei hoch aufstrebende neugotische Türme aus Backstein, die das Aussehen der Kirche wesentlich veränderten.
Die Gründung erfolgte durch Stiftung Gebhard von Arnsteins. Das Kloster ist die früheste Dominikanerniederlassung in der Mark Brandenburg.
Die Grafen von Arnstein betrieben zusammen mit ihren Verwandten, den Askaniern, die Landnahme östlich der Elbe und erwarben 1214 von den brandenburgischen Markgrafen Herrschaftsrechte in den Regionen zwischen Dosse und Havel, Rhinluch und Mecklenburg. Im 13. und 14. Jh. vergrößerten sie ihr Gebiet nach Osten und Norden bis nach Rheinsberg. Die Burgen der Grafen in Altruppin und Wildberg dienten der Festigung ihrer Landesherrschaft. Man errichtete weitere Städte in der Region, und Neuruppin wurde zum Herrschaftssitz der Ruppiner Grafschaft bis zum Aussterben des Arnsteinschen Geschlechtes. Das Territorium fiel danach wieder an die brandenburgischen Markgrafen zurück, blieb aber bis 1524 unter dem Namen Grafschaft Ruppin bestehen.
Die im 13. Jh. errichtete Stadt, mit Mauer und drei Toren versehen, gehörte im Mittelalter zu den größten Städten der Mark.

OPR NA 64

7

Schmale Straßenflucht mit Blick zur Trinitatiskirche.

Hinter der alten Hospitalkapelle St. Lazarus ist im ehemaligen Uphus ein Gasthaus entstanden.

Links: Straßenansicht und Eingang eines Fachwerkhauses. Schmuckrosetten von zwei großen deutschen Dichtern an einer klassizistischen Haustür.
Einem Brand von 1787 fielen große Teile der Stadt Neuruppin sowie einige Kirchen zum Opfer. Der von Friedrich Wilhelm II. mit einer Million Talern geförderte Wiederaufbau erfolgte ab 1788 durch Bernhard Matthias Brasch nach Plänen des Berliner Oberbaudepartements im Stil des Frühklassizismus.

Neuruppins Siechenhauskapelle St. Lazarus, die der Waffenschmied Klaus Schmidt um das Jahr 1491 errichten ließ, wird jetzt auch als Standesamt genutzt. Über dem Dach am Westgiebel ist ein barocker Dachreiter aufgesetzt, und zweiteilige Spitzbogenfenster sind in die Längsseiten der backsteinernen Kapelle eingebaut.
Die Versorgung alter, hilfloser, kranker und armer Menschen war im frühen Mittelalter ein großes Problem, und die Seelsorge und Pflege wurden deshalb oft von den Klöstern übernommen. Aber auch wohlhabende Bürger oder Zünfte der Stadt richteten diese Häuser ein, in denen die Bedürftigen Betreuung fanden.
Mitte des 17. Jh. wurde auf dem Hof hinter der Kapelle das Uphus (ehemaliges Siechenhaus, plattdeutsch: »offenes Haus«) eingerichtet. Kapelle und Haus dienten der Aufnahme verarmter Frauen und unverschuldet in Armut geratener Familien, die hier in aller Einfachheit einen Platz erhielten. Das einst karge Haus gehört zu den ältesten Fachwerkhäusern (1692–1694) der Stadt.
Im historischen Komplex wurden Hotel und Gasthaus eingerichtet. Die Besitzerin erhielt für die Sanierung den Denkmalpflegepreis des Landes Brandenburg.

Detailansicht der Portalreliefs.

Links: An der Südseite befindet sich ein reich geschmücktes Portal, das mit figürlichen Halbreliefdarstellungen von Christus und dem hl. Franziskus erzählt.

Denkmal für Karl Friedrich Schinkel von 1883 in seiner Geburtsstadt Neuruppin. Schinkel verlebte die Kinderjahre in der Zeit des Wiederaufbaus von Neuruppin nach dem großen Stadtbrand von 1787, bei dem zwei Drittel der Stadt zerstört wurden. Der Neuaufbau der Stadt prägte seine Kindheit und Jugend. 13-jährig verließ er mit Mutter und Geschwistern seine Geburtsstadt und ging nach Berlin. Nach einem Studium der Architektur bei David und Friedrich Gilly trat er in den preußischen Staatsdienst.

Denkmal Theodor Fontanes, der 1819 in Neuruppin als Sohn des Apothekers Louis Henry und seiner Frau Emilie Fontane geboren wurde. Den Eltern gehörte die Löwen-Apotheke. Mit der Errichtung eines Denkmals im Jahre 1907 ehrten die Neuruppiner den großen »Dichter der Mark«. Die Skulptur Fontanes entwarf Prof. Max Wiese, der auch schon das Denkmal für Schinkel entworfen hatte.

Im Jahre 1801 wurde mit dem Bau der Pfarrkirche St. Marien begonnen.

Seite 72: Blick durch die alte Mauer der Klosteranlage auf den Ruppiner See.

Nahe am Hafen, an der Uferpromenade, hat der Künstler Matthias Zágon Hohl-Stein eine moderne Metallskulptur geschaffen. Weithin sichtbar begrüßt der Parzival die Besucher, die sich der Stadt von der Wasserseite aus nähern.
Die 17 m hohe Stahlskulptur wurde 1998 anlässlich der Verleihung des Namens »Fontanestadt« in Neuruppin enthüllt. Der Künstler knüpfte mit dem »Parzival am See« an das Epos des mittelalterlichen Dichters Wolfram von Eschenbach an. Seinen Parzival stellt er als Antiritter dar, von schmaler Gestalt, mit dem Windrad in der einen und der Arche als Symbol des Überlebens in der anderen Hand.
Der Parzival soll den Aufbruch in die neue Zeit symbolisieren.

Eingang des Almatheagartens zur orientalischen Villa und zum Café.

Der Tempel- oder Almatheagarten wurde 1732 von Georg Wenzeslaus von Knobelsdorff für den Kronprinzen Friedrich, der hier als Regimentskommandeur seine Militärzeit absolvierte, an den nördlichen Befestigungsanlagen Neuruppins angelegt. Im Almatheagarten verbrachte der Kronprinz zusammen mit Freunden seine schönsten Stunden. Mit seinem Amtsantritt 1740 als König von Preußen fiel das Anwesen wieder an die Stadt zurück und wurde 1803 von Oberst von Tschammer gekauft.

Mit dem Erwerb des Anwesens Mitte des 19. Jh. durch Johann Christian Gentz und seinen Sohn Alexander erhielt der Garten seinen alten Glanz zurück. In Erinnerung an Friedrich II. wurde der Garten neu gestaltet und der Öffentlichkeit zugänglich gemacht. Die Familie Gentz beauftragte den Architekten Carl von Diebitsch, einen Orientliebhaber, Villa und Gartenhaus im maurischen Stil zu errichten. Zusammen mit dem Gartenarchitekten Gustav Meyer wurde der Garten mit einheimischen und exotischen Pflanzen angelegt. Nach dem Bankrott des Unternehmers Gentz richtete man 1925 ein botanisches Museum ein.

Eine Steinskulptur des Sultans Soliman I. von 1718 und eine moderne Holzskulptur von Friedrich II. stehen im Almatheagarten. Leider wurde die Holzplastik durch Vandalismus 2008 zerstört, so dass sie zukünftig im Museum gezeigt werden wird.

Auf einem künstlichen Hügel stand der offene Apollotempel mit sechs Säulen, der später durch das Einziehen von Wänden geschlossen wurde. Baumeister war 1735 Georg Wenzeslaus von Knobelsdorff.

Links: Rondell im Almathea- oder Tempelgarten.

Der Kaufmann Johann Christian Gentz erwarb 1855 die »Kahlen Berge« nördlich von Neuruppin und errichtete hier zusammen mit seinem Sohn Alexander das landwirtschaftliche Gut Gentzrode. Nach dem Tode des alten Gentz 1867 war das Anwesen in voller Blüte. Der Sohn Alexander plante die Gestaltung von Park, Schloss und Mausoleum und beauftragte 1875/1876 die Architekten Martin Gropius und Heino Schmieden, mit dem Bau des neuen Gutshauses im maurischen Stil zu beginnen. Waldkulturen von Samen aus New York, Kanada, Columbia, Tiflis und Sibirien wurden angelegt und die Pflanzbäume mit Gewinn verkauft. Nach der Bankrotterklärung kam das Gut an die Neuruppiner Tuchfabrikanten Ebell und Troll.

Gebäudeansicht vom einstigen Herrenhaus (»Inspektorhaus«) mit seinen beiden unterschiedlichen Türmen und ein Schmuckelement der Fassade. Der Architekt war Carl von Diebitsch.
Die innere Kuppel des Rundturmes war einst mit goldenen Sternen bemalt, die Nischen der dunkelgrünen Halle schmückten Wandbilder der Familie Gentz und deren Freunde, die vom ältesten Sohn Wilhelm, dem Maler, geschaffen worden waren.
Theodor Fontane besuchte das Gut Gentzrode und machte neben seinen Aufzeichnungen einige Skizzen vom ursprünglichen Herrenhaus mit den beiden Türmen.

Das Gut Gentzrode liegt an der Straße, die von Neuruppin nach Rheinsberg führt. Die deutsche Wehrmacht nutzte das Objekt ab 1935. Nach 1945 wurde Gentzrode von der Kommandantur einer sowjetischen Panzereinheit bis zum Herbst 1993 besetzt. Verfallen blieb die Anlage zurück, die seit 2006 entkernt und beräumt wird.

Die Pfarrkirche St. Marien aus dem 15. Jh. mit ihren Doppeltürmen überragt das Stadtbild von Kyritz. Das Gotteshaus ist ein spätgotischer dreischiffiger Hallenbau aus Backstein mit Feldsteinsockel, dessen spätere doppeltürmige Front nach einem Entwurf von Friedrich August Stüler errichtet wurde. Die Außenfassade des Kirchenschiffes ist teilweise als Putzfassade ausgebildet.
Der Ort entstand am Flusslauf der Jäglitz neben einer Burganlage. Kyritz wurde 1237 Stendaler Stadtrecht verliehen. Der Ort genoss die Zollfreiheit für die ganze Mark Brandenburg. Die Handwerkerstadt war auch zeitweise Mitglied der Hanse.
Die hier errichteten Mühlen klapperten wohl unentwegt, so dass der Ort Kyritz den Beinamen »an der Knatter« erhielt. Die ursprüngliche Stadtanlage ist geradlinig und rechtwinklig angelegt. Trotz vieler Stadtbrände sind einige Häuser aus dem 17. Jh. erhalten geblieben. Die Fachwerkhäuser aus dem 19. Jh. prägen jedoch das heutige Stadtbild. Teile der mittelalterlichen Stadtmauer befinden sich in der östlichen Stadt. Die historischen Wallanlagen, heute ein Rosengarten, sind zum Stadtpark geworden.
Des Öfteren versuchte der Raubritter Kurt von Bassewitz, die Stadt zu erobern. Es gelang ihm jedoch nicht. Er wurde von den Einwohnern durch sein eigenes Schwert hingerichtet. Im Rathaus ist das Schwert des Ritters ausgestellt. Ein Bassewitzfest erinnert alljährlich an den Sieg der Kyritzer Einwohner.

Rechts innen: Im Jahre 1271 hatten die Havelberger Bischöfe ihre Residenz nach Wittstock verlegt und die Burg zu einer trutzigen Anlage ausgebaut.
Der 32 m hohe Turm ist der letzte vollständig erhaltene Zeuge der alten Burganlage. Der Ausbau der »Bischofsburg« von 1995 bis 1998 war ein europäisches Förderprojekt. Die Anlage wurde rekonstruiert, umgestaltet und im Turm das »Museum des Dreißigjährigen Krieges« eingerichtet.

Dicht nebeneinander stehen die Kirche St. Peter und Paul und das Rathaus von Wusterhausen. An einem Übergang der Dosse wurde Wusterhausen 1232 erstmals erwähnt und 1291 als »civitas« bezeichnet. Dem Ort wurde vermutlich vor 1250 das Stadtrecht durch die Edelherren von Plotho verliehen. Als Basis der Siedlung gilt das »Feste Haus« der Familie von Plotho. Durch die Schifffahrt und den Hafen wurde die Stadt zum Salzstapelplatz, der in den Fernhandel eingebunden war. Das Salzmonopol ging der Stadt jedoch im Jahre 1560 verloren.

Die Heiliggeistkirche von Wittstock, um 1300 errichtet, diente den Kaufleuten und Reisenden als Andachtskirche. 1716 wurde sie durch einen Brand zerstört und 1729 wieder aufgebaut. Ihren neuen Turm erhielt sie im Jahre 1732.

Das Rathaus am Marktplatz von Wittstock.

Gröper Tor in Wittstock.

Rechts: Weit über die Stadtmauer ragen die Hausdächer sowie der gewaltige Turm der Marienkirche. Der massive Backsteinbau der Kirche bildet eines der Zentren der historischen Stadt, die größtenteils noch von einer Stadtmauer umgeben ist. Wie von zwei Händen gehalten, umspielen die Flüsse Glinze und Dosse zwei Drittel der mittelalterlichen Stadtanlage. Hier entstand ursprünglich ein befestigter Übergang der slawischen Siedlung über die Dosse in Richtung Havelberg; er bildete den Ursprung der Stadt. Die Wittstocker Burg gelangte 948 durch Schenkung Ottos I. an das Bistum von Havelberg, ging jedoch durch den Slawenaufstand wieder verloren. Erst durch die Rückeroberung der Prignitz im 12. Jh. erfolgte der Neubau einer Burganlage durch die Bischöfe von Havelberg und 1244 die planmäßige Erweiterung der Stadt, die im 14. Jh. durch den Tuchhandel ihre Blütezeit erfuhr.

■ Das Dorf Kampehl bei Neustadt an der Dosse ist durch seinen Ritter Kahlbutz bekannt geworden. In dem im 19. Jh. erneuerten Gruftanbau wird die Leiche des Ritters Christian Friedrich von Kahlbutz, der 1702 verstarb, aufbewahrt. Die Dorfkirche aus Feldsteinen, ein rechteckiger Saalbau, entstand in der Mitte des 13. Jh. Der Kirchturm ist verbreitert und nur die zum Turmgiebel zeigende Seite massiv ausgebildet.

■ Mit dem Kahlbutz verbindet sich eine sonderbare Legende. Als der Ritter 1702 starb, legte man ihn in einen doppelten Eichenholzsarg, der in der Patronatsgruft beigesetzt wurde. Als man die Kirche 1794 renovierte, fiel auf, dass der Leichnam des Ritters nicht verwest war (S. 51).

Bunte Schmetterlinge fliegen über Wiesen und Weideland oder sitzen auf den Blumen der Bauerngärten.

So wie in Fehrbellin sind vielerorts die gelblichen Backsteinklinker für den Profan- und Kirchenbau im 19. Jh. verwendet worden. In den nahe gelegenen Ziegeleien des Umlandes wurden die Steine produziert und gebrannt.
Der Neubau der Kirche in Fehrbellin erfolgte 1867 nach den Plänen Friedrich August Stülers, da die alte Kirche für die Gemeinde zu klein geworden war. Der Turm mit seinen drei Glocken hat eine Höhe von 41 m.
Der »Feldberger Altar« aus dem abgetragenen Vorgängerbau ist heute im Märkischen Museum Berlin zu sehen.
Der bekannte Architekt Friedrich August Stüler (1800–1865), in Mühlhausen (Thüringen) geboren, war Schüler von Karl Friedrich Schinkel und preußischer Baumeister. Er war einer der maßgebenden Berliner Architekten seiner Zeit. Als eine seiner bedeutendsten Schöpfungen gilt das Neue Museum in Berlin.

Die Eisdecke des Bückwitzer Sees ist noch sehr dünn und bricht wieder auf, so dass die Schwäne Platz finden, durch die Eisschollen zu schwimmen.

Friderich Wilhelm König in Preußen,
Ein sorgfältiger beförderer und beschützer der Ehre Gottes,
Ein wahrer Vater des Landes,
Ein glücklicher Ver mehrer Seines Reichs und Heerschaaren,
Eine Züflucht Seiner Freunde, ein Schrecken Seiner Feinde,
Ein Kluger Hauß Vater
Nach dem Er diesen vormahligen grundlosen Morast und Auffenthalt wilder Thiere,
dürch große Mühe und Kosten von 1719. an zu des Menschen Nützen urbahr,
dürch Göttlichen Seegen und Höchst eigener Klügen Veranstaltung,
Zum Acker-Bau und Vieh Zucht nützbahr gemacht, Vorwercker,
und Holländereyen, zum reichligen Genuß angeleget,
Endlich
Das Amt Königs Horst
Glücklich gestifftet, und Seinen Taffel Güthern ein verleibet,
Hat
Zum Lobe, Preiß und Danck unzehlicher Himlischer Wohlthaten,
Zür Ehre und Verherrlichung des Großen Gottes,
Vergrößerung des Reichs Christi und Fortpflanzung des Evangelii,
Diese Erste Kirche
Aufbauen und der Nach-Welt zum besondern Denckmahl Seiner Gottesfurcht
hinter laßen wollen
Im 25ten Jahre Seiner Königlichen Regierung,
also im Jahre des HERRN 1737.
Ihr aber
Die Ihr dieses leset und mit Recht bewundert,
Fürchtet GOTT und ehret solchen König.

Neben dem Friedhof steht das im Fachwerkstil errichtete Pfarrhaus aus dem 18. Jh. Es ist ein einstöckiges Haus mit Krüppelwalmdach und gehört sicher, wie auch andere ähnliche Fachwerkhäuser, zu den Bauten aus der Gründungszeit des Dorfes.

Links: Die Dorfkirche von Königshorst ist ein ansehnlicher Putzbau mit quadratischem Westturm aus dem 18. Jh. Ein Grabstein aus dieser Zeit ist auf dem Friedhof erhalten geblieben. Unter großer Mühe und mit hohem Kostenaufwand wurde im Jahre 1719 mit der Trockenlegung des grundlosen Morastes begonnen, um das Land urbar zu machen.

Über dem Eingangsportal an der westlichen Turmseite der Kirche ist die steinerne Stiftungstafel für den preußischen König Friedrich Wilhelm I. befestigt, die auf die Gründung des »Ambtes Königs Horst« von 1737 hinweist und in das fünfundzwanzigste Jahr seiner Regierungszeit fällt. In einem der Vorwerke von Königshorst, in Nordhof, wurde die »Königliche Butterakademie« eingerichtet, in der den Bauerntöchtern des Umlandes das Buttern und Käsemachen vermittelt wurde. Königshorst gehört heute zum Landkreis Ostprignitz-Ruppin und zählt zu den bekannten Orten im Havelländischen Luch. Unter König Friedrich Wilhelm I. begann 1718 die Trockenlegung der sumpfigen Gebiete nach Plänen des Oberjägermeisters von Hertefeld, um Vieh- und Weidewirtschaft in dieser Region anzusiedeln. Als der König das Gebiet im Jahr 1719 besuchte, soll Arendshorst in Königshorst umbenannt worden sein. Im Jahr 1724 war die Trockenlegung abgeschlossen.

Landkreis Havelland

3

Wer kennt nicht das Gedicht Theodor Fontanes: »Herr von Ribbeck auf Ribbeck im Havelland, ein Birnbaum in seinem Garten stand ...«, wodurch das Havelland über die Landesgrenzen hinaus bekannt wurde. Westlich von Berlin bis zur Grenze des Bundeslandes Sachsen-Anhalt erstreckt sich der Landkreis.

Zwei Bahnlinien führen von Berlin durch das Havelland in Richtung Westen und Nordwesten, in die Altmark und in die Prignitz.

Hier im Havelgebiet lebten im frühen Mittelalter die westslawischen Stämme der Heveller. Erst Albrecht der Bär nahm das Land 1157 nach dem Ableben des Hevellerfürsten Pribislav in seinen Besitz; bereits 1244 wurde es mit dem Namen »Havellant« belegt.

Der zum Havelland gehörende ehemalige Hauptort Spandau kam 1920 zur Stadt Berlin. Danach wurden Rathenow für den westlichen und Nauen für den östlichen Teil zu Hauptorten des Landes. Weitere Städte und Orte wie Falkensee am Berliner Stadtrand, Nennhausen, Dallgow-Döberitz, Premnitz, Friesack und Ribbeck gehören zum Kreis.

Ansicht vom Schloss Ribbeck vor 1989. Der Ort entstand gemeinsam mit dem gleichnamigen Rittergut. Im Rahmen der deutschen Osteroberung des von Slawen besiedelten Gebietes zwischen Elbe und Oder kam es zur Einwanderung deutscher Stämme. Der deutsche Kaiser Lothar III. hatte 1134 den Grafen Albrecht den Bären mit der »Nordmark« belehnt. Nachdem Albrecht der Bär »Markgraf von Brandenburg« geworden war, rief er weitere Siedler ins Land.
Als Lehnsherr gab der Markgraf unbesiedeltes Land an ritterliche Ansiedler, die dadurch zur Treue und zum Kriegsdienst verpflichtet wurden. Sie hatten für die Nutzung und Bearbeitung des Landes und für die Verbreitung des christlichen Glaubens zu sorgen. Die Ritter behielten Land zur eigenen Versorgung, andere Teile gaben sie an Bauern mit der Pflicht zu Abgaben, Dienstleistungen und Unterhalt ab. Die Gutsherren verfügten über die Verwaltung, die Polizeigewalt und die Gerichtsbarkeit im Dorf, bis diese im Jahr 1850 durch die preußische Verfassung aufgehoben wurden.

Ribbeck gehört zu den neuen Kulturorten. Nach dem großen Erfolg der Ribbecker Sommernacht gibt es weiterhin die »Nacht für die Sinne« auf mehreren Bühnen. Rings um Schloss, Kirche und Birnbaum findet das Fest statt. Auf mehreren Bühnen werden Oper, Jazz, Artistik, Kleinkunst und Varieté geboten. Dabei kann man die lauschige Sommernacht des Monats August im historischen Ambiente genießen. Internationale Künstler gestalten einen erlebnisreichen Abend.

Schon im 10.–13. Jh. kam es zur Gründung von Orten, die bei der Landeroberung nach Osten von strategischer Wichtigkeit waren. Diese entstanden vor allem an den Furten der Havelgewässer. Zum Beispiel ist Pritzerbe, (heute Landkreis Potsdam-Mittelmark) bereits 948 in einer Urkunde des Bistums Brandenburg als »civitas pricervi« zu finden.

Das größtenteils flache Land wird von der Havel in nordsüdlicher und vom Havelländischen Hauptkanal sowie vom Rhinkanal in westöstlicher Richtung durchquert. Bei Rhinow fin-

Das Havelland ist vor allem durch seine über 1 000-jährige Tradition des Obstanbaus bekannt geworden. Der »Ausflug zu den Obsthöfen« ist zu jeder Jahreszeit ein Erlebnis. Höfe und Plantagen laden die Besucher alle Jahre zur Baumblüte, zur Ernte und Weinverkostung ein.

In der Brennerei von 1850, der restaurierten Gutsanlage von Ribbeck, werden Birnenessig und andere Birnenprodukte von der Familie von Ribbeck hergestellt. Die von Ribbecks lebten hier seit 1237, wie urkundlich überliefert ist. Das Dorf, die Familie und ihr Rittersitz wurden erstmalig im Landbuch Kaiser Karls IV. von 1375 erwähnt.
Ribbeck liegt an der B5, die von Berlin nach Hamburg führt. Südlich vom Ort erstreckt sich die sandige »Ribbecker Heide«, eine Wiesen-, Wald- und Ackerlandschaft. Nördlich breitet sich das »Havelländische Luch« aus. Das ehemalige Sumpfgebiet war sehr wasser- und fischreich, bevor der Havelländische Hauptkanal zur Entwässerung angelegt und das Gebiet zu fruchtbarem Acker- und Weideland wurde.
Der Name Ribbeck entwickelte sich im Laufe der Jahrhunderte wohl aus Riedbeke über Ritbek zu Ribbeck. Darin sind mittelalterliche Worte wie »Ried« (Schilf, Riedgras, sumpfige Wiese), »Beke« (Bach), die Vorsilben »rit« (Abzugsgraben) oder »ride« (Wasserlauf, Gracht) oder das slawische »ryba« (Fisch) enthalten.
Theodor Fontane machte 1889 den Ort und die Gutsherren weit über das Havelland hinaus durch sein Gedicht »Herr von Ribbeck auf Ribbeck im Havelland« bekannt. Von einer Ribbecker Sage, die man sich im Ort erzählte, leitete er seine Verse ab (Abb. S. 9).

den wir den Gülper- und nördlich von Rathenow den Hohennauener See. Das Havelländische Luch bestimmt zu großen Teilen das landschaftliche Bild der Region. Nur ab und an unterbrechen Erhebungen wie der Gollenberg bei Rhinow das flache Land.

Das brandenburgische Havelland wurde von den überschwemmten Luchgebieten der Havel und des Rhins geprägt, bevor es im Jahre 1718 unter König Friedrich Wilhelm I. trockengelegt wurde. Westlich und nordwestlich von Berlin erstreckten sich die ehemaligen sumpfigen Regionen. Das Havelländische und das Rhinluch waren urwüchsige Gegenden, die vielleicht mit den Urwäldern Südamerikas vergleichbar schienen, wie Theodor Fontane in seinen »Wanderungen« bemerkte. Bei starkem Regen war die reichlich Wasser führende Sumpflandschaft von einer eng verwurzelten Grasnarbe überzogen, die teilweise eine schwimmende elastische Decke bildete. Ab und an ragten kleinere grüne Sandhügel, die Horste, aus dem Wasser, die als Weideland genutzt wurden. Auf einigen Sandlinsen hatten Laubbäume Wurzeln geschlagen. Ehe die Rinder diese unwegsamen Weideplätze erreichten, mussten sie häufig schwimmen oder den sumpfigen Boden durchqueren, in dem sie stecken bleiben konnten. Oftmals kamen die schweren Tiere dabei um. Für die hier lebenden Wasservögel und Lurche war es dagegen ein wahrhaftiges Paradies.

Schon 1718 begann man das feuchte Havelland mit Entwässerungskanälen zu versehen. Mit der Entwässerung des Sumpflandes durch unzählige Kanäle und Gräben wurde die nutzbare Agrarfläche vervielfacht, und am Rande des trockengelegten Luchs entstand das Amt Königshorst. Ein System von Dämmen, Gräben, Stauschleusen und Brücken wurde nach holländischer Planung angelegt, woraus eine reiche und fruchtbare Kolonie erwachsen sollte. Die Vieh- und Weidewirtschaft in dieser Region anzusiedeln und große Milch-, Käse- und Buttererträge zu erwirtschaften, war das Ziel des Planes. Unter der Anleitung erfahrener Holländerinnen wurden märkische Bauerntöchter in Königshorst ausgebildet, die das Handwerk des Käse- und Buttermachens erlernten. Königshorst sollte zur »ordentlichen Akademie des Buttermachens« werden, wie es der König in einem Schreiben formuliert hatte.

Auch bei Großderschau wurden Kolonisten angesiedelt, deren Nachfahren heute noch ansässig sind. Das ebene Havelland wird seither vor allem als Weideland genutzt.

Im Ländchen Friesack, auf einer sandigen Erhebung im Luchgebiet, errichteten Adlige vermutlich zur Zeit der Ostbesiedlung um 1147 ihre Burg. Von dort regierten sie das umliegende Gebiet, das jedoch nach dem Tode ihrer Herrschaft wieder an die Markgrafen von Brandenburg kam.

In Nauen, am Rande des Luchs gelegen, soll schon im 10. Jh. eine erste Burg gestanden haben, die die Basis für die spätere Stadt bildete. Neben der Burgsiedlung entstand eine weitere Stadtsiedlung mit Kirchplatz für St. Jacobi und einigen Straßenzügen.

Durch Regulierung des Rhins 1779 und durch Meliorationsprojekte kam es unter Friedrich II. zur weiteren Landgewinnung von vormals sumpfigen Gebieten. Die aus Süddeutschland kommenden Siedler gaben dem Fluss den Namen ihrer Heimat (Rhin = Rhein).

Im Juli 1779 stand der Alte Fritz (Friedrich II.) auf dem havelländischen Gollenberg und schaute auf das trockengelegte Luch und die neu entstandenen Kolonistendörfer. Begeistert rief er: »... das ist wahr, das ist wider meine Erwartung«.

Der deutsche Flugpionier Otto Lilienthal begann 113 Jahre nach dem Besuch Friedrichs II. auf dem Gollenberg im Havelland mit seinen Flugversuchen. Er gehört zu den bedeutendsten Persönlichkeiten, die eng mit dem Havelland verbunden sind. Er wurde am 23. Mai 1848 in Anklam als ältestes von acht Kindern geboren. Von 1856 bis 1864 besuchte der junge Lilienthal das dortige Gymnasium. Bereits im Jahre 1862 begann er mit Flugexperimenten, wobei er als erstes kleine Modellflugzeuge verwendete. Nach dem Besuch der Provinzial-Gewerbeschule und einem hervorragenden Examen arbeitete er von 1866/1867 in der Berliner Maschinenfabrik Schwartzkopff. Anschließend nahm Lilienthal ein Studium an der Berliner Gewerbe-Akademie auf, welches er 1870 erfolgreich beendete.

Bei Beobachtungen des Storchenfluges, die er zusammen mit seinem Bruder machte, gewannen sie Erkenntnisse, die er beim Bau seiner Flugapparate einbrachte. Die Ergebnisse der Beobachtungen fasste Lilienthal in seinem Buch von 1889 »Der Vogelflug als Grundlage der Fliegekunst« zusammen. Es gab ein »Geheimnis« des Vogelflugs, das Lilienthal entschlüsselte: Es war die Wölbung der Tragfläche, die dem Vogelflügel entsprach.

Im Jahre 1892 war Lilienthal auf der Suche nach einem besseren Fluggelände auf den Gollenberg gestoßen, von dem sich größere Weiten erzielen ließen. Vom 110 m hohen Berg im Ländchen Rhinow bei Stölln startete der Pionier seine Flugversuche mit einem Hängegleiter. Bereits im Jahr 1893 gelangen ihm Weiten von bis zu 300 m. Diese Flugversuche, die Lilienthal mit einem Gleitflieger vom Gollenberg unternahm, waren die Geburtsstunde des Fliegens.

Otto Lilienthal verunglückte am 9. August 1896 bei einem Flugversuch am Gollenberg tödlich, wo er aus einer Höhe von 17 m abstürzte. Lilienthal war der erste »fliegende Mensch« und Wegbereiter für die Entwicklung des Flugwesens. Er erkannte die Vorteilhaftigkeit gewölbter Tragflächen des Flugzeugbaus. An seine Erkenntnisse knüpften die Flugpioniere Gebrüder Wright an.

In Anklam, seinem Geburtsort, sowie im Ländchen Rhinow bei Stölln sind Museen für den Flugpionier Lilienthal eingerichtet worden. Ein Gedenkstein ist für ihn am Fuße des Gollenberges und ein Denkmal bei Krielow (Potsdam-Mittelmark) aufgestellt worden.

Johann Heinrich August Duncker, 1767 in Rathenow an der Havel geboren, gehört ebenfalls zu den herausragenden Persönlichkeiten des Landkreises. Durch seine Tätigkeit entstand in einer der größten Städte des Landkreises die Wiege der optischen Industrie Deutschlands. Der studierte Theologe erfand vor über 200 Jahren die Vielschleifmaschine und erhielt dafür das »königliche Privileg«, eine Optische Industrieanstalt errichten zu dürfen. Die Stadt entwickelte sich daraufhin zum ersten Industriestandort der Optik und schaffte damit die Basis für die industrielle Fertigung von Brillenlinsen in Rathenow. Die Nachfahren J. H. A. Dunckers, Eduard Duncker

und Emil Busch, trugen zur Weiterentwicklung der optischen Industrie bei. Weitere Firmen der Optikindustrie entstanden nach 1850. Im Jahre 1896 gab es bereits 163 optische Werkstätten in der Stadt. Die Herstellung von optischen Gläsern und Fertigung von Brillen gehörte zu den wichtigsten Industrieprodukten der Region. Zu DDR-Zeiten schlossen sich viele Betriebe zu Genossenschaften zusammen, die später unter der Leitung des Industriekombinats Carl Zeiss Jena ihre Produktion fortsetzten. Nach 1989 kam es durch private Initiative wieder zu Firmenneugründungen verschiedener Art in Rathenow. So entstanden hier Betriebe, die Brillen und Brillenfassungen, Gläser und Linsen, Spezialsehhilfen, Mikroskopiegeräte, Werkstatttechnik und -zubehör herstellen.

Zu den Besonderheiten Rathenows und des Landkreises gehört das Optik-Industrie-Museum. Die Dauerausstellung bietet einen weit gehenden Einblick in die Geschichte des »geschliffenen Glases« und in die Entwicklung der optischen Industrie in Deutschland. Im Museum werden den Besuchern die Funktionsweisen der Ausstellungsstücke erläutert. Zu den über 1 000 Ausstellungsstücken zählen Brillen, Mikroskope, Linsensysteme u. v. m. Die Bedeutung des Lichts und des Sehens wird erläutert, und der Gast kann selbst optische Erfahrungen zur interessanten Materie sammeln. Dem Besucher bietet sich die Möglichkeit, historische und neuartige Produkte selbst zu benutzen und an speziellen Experimenten einige optische Phänomene zu testen. Ausprobieren, Mitmachen und Anfassen der Versuchsanordnungen sind ausdrücklich erwünscht.

Die Ausstellungsgegenstände sind größtenteils aus dem Bestand des Museums und werden durch Leihgaben des Vereins zur Förderung, Pflege und Erhaltung der optischen Traditionen in Rathenow e. V. bereichert.

Im Museumsshop werden verschiedene Artikel, wie z. B. die »Farbenbrille von Goethe« mit Multispektralfoliengläsern, Mikroskope, Kaleidoskope sowie andere voll funktionstüchtige Bausätze mit hochwertigen Linsen angeboten. Bücher zur Geschichte Rathenows und zur Entwicklung der Optik vervollständigen das Angebot.

Das im Jahre 2008 restaurierte Schloss von Ribbeck.

Die Kirche aus dem 13. Jh. wurde 1739–1742 umgebaut.

Alte Liebe

Links: Die Kirche St. Marien und Andreas von Rathenow, auf einer Anhöhe des Havelufers gelegen, dominiert das Stadtbild. Aus der einstigen slawischen Fischersiedlung an der Havel entwickelte sich die Stadt. Am östlichen Ufer des Flusses entstand Ende des 12. Jh. eine deutsche Siedlung, in deren Mitte sich der Marktplatz und die Kirche St. Marien und Andreas befinden.

Das Schleusenhaus am Havelufer.

Geburtshaus von Johann Heinrich August Duncker am Kirchplatz 12.

Die Kirchenfassade mit der Andreaskapelle auf dem Kirchplatz von Rathenow. Die ursprünglich spätromanische Kirche wurde ab 1517 zu einer dreischiffigen gotischen Hallenkirche umgebaut. Über die Jahrhunderte wurden Veränderungen vorgenommen.
Im Jahre 1816 machte bereits der Kirchturm einen Umbau nötig. Der Baumeister K. F. Schinkel wurde beauftragt einen Entwurf anzufertigen, der jedoch nicht die Zustimmung der Stadtväter fand. Stattdessen wurde der Entwurf des Regierungsrates Redtel angenommen und der Kirchturm 1828 fertiggestellt.
Nach der Zerstörung im 2. Weltkrieg begann in den 50er-Jahren der Wiederaufbau der Kirche. Aber erst im Mai 2000 fand die Grundsteinlegung für den Wiederaufbau des Turms statt.

■ *Fachwerkhäuser aus dem 16. Jh. am Kirchplatz in Rathenow. Weitere Häuser sollen das historische Ensemble ergänzen.*

■ *Der Glockenstuhl mit mehreren Glocken gehört zur Ausstattung der Kirche St. Marien und Andreas.*

■ *Maria mit dem Kind, Teil eines Altars der Kirche St. Marien und Andreas.*

Idyll »Am Alten Hafen« von Rathenow. Die Schifffahrtsunternehmen bieten Fahrten mit Fahrgastschiffen auf der Havel und auf den umgebenden Gewässern von Rathenow an. Die Schiffe befahren die Havel von Brandenburg talwärts über Rathenow bis Havelberg und bis zur Hohennauener Wasserstraße, bis zu den Ortschaften Hohennauen, Wassersuppe, Semlin und Ferchesar.

Rathenow entwickelte sich an einer Furt des oftmals von sumpfigen Ufern umgebenen Havelflusses. Burg und Fischersiedlungen bildeten die Basis für die Stadtentwicklung. Im 12. Jh. erfolgte der Ausbau der Siedlung mit Markt, Kirche und einigen Straßen. Erst hundert Jahre später kam es zur Stadtgründung mit der Anlage eines systematischen rechtwinkligen Straßennetzes; im Jahre 1288 wurde das Stadtrecht verliehen. Rathenow blieb Grenzort am Ostufer der Havel. Die Stadt wurde durch künstlich angelegte Flussarme gesichert.

Nach dem Ende des Dreißigjährigen Krieges 1648 und dem Schwedenkrieg 1675 erlebte Rathenow in der 1. Hälfte des 18. Jh. unter Friedrich Wilhelm I. einen Aufschwung als Garnisonsstandort. Für den Großen Kurfürsten wurde ein Denkmal errichtet: Die Figur aus Sandstein auf hohem Sockel in Kleidung eines römischen Imperators wurde von Johann Gottlieb Glume in den Jahren 1736–1738 geschaffen.

Die Neustadt erhielt noch im 18. Jh. eine Ummauerung, von der nur noch spärliche Reste erhalten blieben. Einige barocke Fachwerkhäuser am Kirchplatz und barocke Typenhäuser von 1732–1740 am Schleusenplatz sind noch erhalten geblieben. Beim Bau der dreischiffigen gotischen Hallenkirche aus dem 15. Jh. wurden ältere Teile des 13. Jh. einbezogen. Ihr Turm wurde in den Jahren 1824–1828 erneuert. Mit dem Wiederaufbau der nach dem 2. Weltkrieg ausgebrannten Kirche wurde bald nach Kriegsende begonnen, und nach 1990 bekam sie ihren neuen Turm.

Rathenow gehört heute zu den kulturellen Zentren des Havellandes. In der Stadt veranstaltet das Ensemble Primavera im Theatersaal des Kulturhauses seit über einem Jahrzehnt mitreißende Aufführungen von Operetten und Shows. Die leichte Muse, aus Wiener Charme, ungarischem Temperament und Berliner Witz in prachtvoller Ausstattung, erfreut sich in Rathenow großer Beliebtheit.

Im Kulturzentrum der Stadt werden Malerei, Grafik und Zeichnungen ausgestellt. Interessante thematische Fotoausstellungen, die Bilder vom Leben der Menschen aus aller Welt in die Region bringen, werden im Wechsel gezeigt.

Künstler, die sich mit Aktfotografie, Malerei, Grafik und Computergrafik beschäftigen, haben im Landkreis ihre Wirkungsstätten gefunden. Kunsthandwerker, Restauratoren und Modegestalter bereichern mit ihrer Arbeit die Palette der künstlerischen und kreativen Tätigkeiten.

Die Dorfkirche von Börnicke hat einen spätgotischen Backsteinsaal. Der rote verbretterte Turm und der Südvorbau stammen aus dem 18. Jh. Das »buntgemischte« Gotteshaus scheint oft überbaut worden zu sein.

Oben links und unten: Die Kirche St. Marien und Andreas und der Blick vom Turm auf die Brücke am Mühlendamm. Hier wurde in vergangenen Zeiten die Wasserkraft der Havel genutzt, um Räder- und Mahlwerk der Mühle anzutreiben.

Das Havelland ist von vielen Wasserläufen, Seen und sumpfigen Gebieten durchzogen. Hohe Grasbüschel, Strauch- und Baumwerk ragen aus dem von Wasser bedeckten morastigen Boden.

Im Frühling laden die blühenden Bäume und Felder des Havellandes zur Landpartie ein.

Im »Kolonistenhof«, dem Freilichtmuseum von Großderschau, werden landwirtschaftliche Geräte gezeigt, und auf den Schautafeln wird vom Leben der ehemaligen Landarbeiter berichtet.

Die Kirche ließ der König für die umliegenden Kolonistendörfer in den Jahren 1780–1785 zum Abschluss der Entwässerungsarbeiten errichten. Es wurden Acker- und Weideland gewonnen. Großderschau hieß ehemals Friedrichsdorf. Es ist ein Kolonistendorf, das zu Zeiten Friedrich des Großen aus sieben Kolonien entstand. Die Kolonisten erhielten durch die friderizianische Siedlungspolitik ein Grundstück, Haus und Hoffläche, das zusammen mit dem Wiesenland eine Wirtschaftsfläche von 4 Preußischen Morgen betrug (1 Morgen = 25,532 Ar = 2.553,2 Quadratmeter).
Im Jahre 1773 beauftragte Friedrich II. den Etatminister Baron von Derschau sowie den Geheimen Finanzrat von Brenkenhoff mit der Trockenlegung des Rhinluches und des Dossebruches. Als Bruch wurden die mit Erlen und Weiden bestandenen Gründe und als Luch morastige Flächen ohne Baumbestand bezeichnet.
Die Kontrolle der Arbeiten an den Gräben und Flussläufen war durch staatlich angeordnete Grabenschauen im Herbst und Frühjahr gesichert. Der Grabenmeister und seine Arbeiter mussten in schwerer körperlicher Arbeit die Gräben und Flüsse zweimal jährlich entkrauten, um den Wasserabfluss zu gewährleisten.
Der Grabenmeister hatte eine angesehene Stellung im Dorf und konnte bei Verletzung der Grabenordnung Strafen verhängen.

Das Schloss von Kleßen, an das sich ein schöner märkischer Gutsgarten anschließt, wurde von 1993 bis 1999 restauriert. Bei der denkmalpflegerischen Restaurierung wurden weitgehend historische Baumaterialien verwendet. Im Rahmen des Havelländischen Musiksommers finden hier regelmäßig Konzerte statt.
Im Schlossgarten, der den Besuchern offen steht, pflanzt, jätet und erntet die neue Schlossherrin. In der Orangerie wird in den Sommermonaten Kaffee und Kuchen angeboten.

Die schlichte Dorfkirche von Kleßen beherbergt einen Kanzelaltar in Rokokoformen und ein Renaissance-Taufbecken.

Im Vorhof des Herrenhauses steht der ursprüngliche Wasserturm.

Rechts oben: Die Initialen Ernst von Weilers am Eingangstor des Friedhofs von Falkenrehde. Ernst von Weiler, Oberst der Artillerie, der von Kaiser Leopold I geadelt wurde, lebte bis zum Ende des 17. Jh. in diesem Dorf.

Schloss Kleßen, etwas abseits der Landstraße gelegen, war seit 1352 Rittergut und im Besitz der Familie von Bredow. Später entstand an dieser Stelle das Herrenhaus, das 1723 als Dreiflügelanlage erbaut wurde und 1858 seine klassizistische Überformung erhielt. Nach 1945 und bis zum Jahre 1989 diente das Haus als Kindergarten, Altenheim und Kino, bevor es nach der Wende sich selbst überlassen wurde.
In der Nähe des Schlosses befindet sich das Spielzeugmuseum, in dem Kinderträume wieder wahr werden. Historisches Holz- und Blechspielzeug, Puppen und Eisenbahnen werden hier u. a. gezeigt.

Die Kirche von Falkenrehde ist ein Neurenaissancebau von 1910. Der Ort gehört zu den ältesten Siedlungsplätzen im Havelland. Um 1240 wurde er nach einer Familie »Arnoldi de Valkenrehde« benannt. 1375 wird Falkenrehde bereits im Landbuch Kaiser Karls genannt. Im einstigen Fischer- und Bauerndorf entstanden am West- und Ostende zwei Rittersitze. Im Laufe der Jahrhunderte wechselten oft die Besitzer.

■ *Gutsanlage, Schloss und Kirche von Paretz wurden einst von David Gilly als Sommerresidenz für den Kronprinzen Friedrich Wilhelm und seine Gemahlin Luise erbaut. Eine Ausstellung »Luises Paretz – ein königlicher Landsitz um 1800« thematisiert ihre ländlichen Aufenthalte.*

■ *In der Windmühle von Paretz werden Geschichten und Märchen für Kinder erzählt.*

Havelfähre bei Ketzin. Die Autofähre schafft eine schnelle Verbindung nach Süden.

Die evangelische Stadtkirche von Ketzin mit barockem Saal besitzt eine Kirchenausstattung aus dem 18. Jh.
Der Ort liegt auf einer kleinen Anhöhe am Ufer der Havelgewässer. Im ursprünglichen Fischerdorf Ketzin wird traditionell eine Fischerkönigin gekrönt. Die ausgewählte Königin ist jeweils für ein Jahr die Botschafterin ihrer Heimatstadt und Region.

Sonnenuntergang an der Havel.

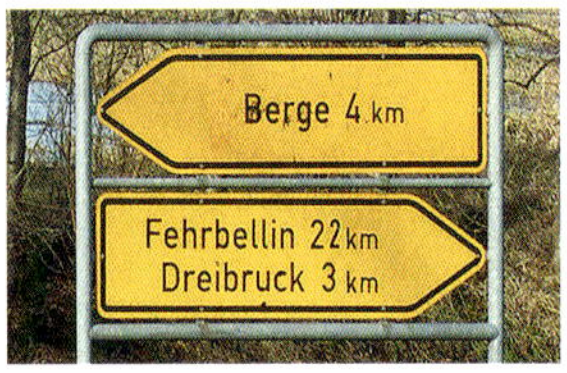

Absperranlage zur Regulierung des Wassers am Havelländischen Hauptkanal.

Parallel zur Straße, die nach Jahnberge führt, verlaufen ebenfalls lange Gräben.
Trotz der vielseitigen Entwässerungssysteme gibt es noch immer überschwemmte Felder in der Havellandregion.

An der schmucklosen Kirche von Berge befinden sich zwei in die Putzfassade eingelassene Grabplatten. Im Jahre 1440 ging Berge in den Besitz der Familie von Hake über. Der Ritter Ludwig von Hake ist auf der oberen Grabtafel abgebildet. Das zweite Relief zeigt Agnes Sophie von Brose, die 26-jährig im Kindbett starb.

Zu beiden Seiten des Berger Damms, zwischen Berge und Dreibrück, befinden sich größere Kanäle, um das Wasser der kleineren Gräben in die Hauptadern weiterzuleiten.

Das alte Schulhaus, in dem sich der Kindergarten befindet, ist saniert worden. Dach, Türmchen und Uhr zeigen hier die »neue Zeit« an.

Die Dorfkirche von Vietznitz, deren östlicher Teil ein spätgotischer Backsteinbau ist, wurde im Barock um den Fachwerkbau erweitert und erhielt seinen verbretterten Turm. Das schlichte Gotteshaus hat eine flache Decke und an der Westseite eine Empore. Der Barockaltar ist auf 1690 und der Altaraufsatz auf 1695 datiert. Die achteckige Kanzel mit Darstellungen von Christus und seinen Aposteln ist von 1686. Zum Inventar gehört auch eine hölzerne Taufe, vermutlich aus dem 19. Jh.

Die Dornenhecke hat sich über die Eingangstreppe gelegt und versperrt den Weg zum Hauseingang, so wie im Märchen von »Dornröschen«. Das verlassene klassizistische Gebäude ist sicher zu Zeiten der Trockenlegung der Region im 18. Jh. errichtet worden. Das stattliche Haus mit sieben Achsen zeugt vom einstigen Wohlstand der hier lebenden Besitzer. Die neuen Siedler betrieben vor allem Vieh- und Weidewirtschaft, die der Milch-, Butter- und Fleischproduktion dienten.

Links: Unmittelbar hinter den zum Berger Damm parallel verlaufenden Kanälen befinden sich noch immer weitläufig überschwemmte Felder.

In der Nähe von Rhinow liegt das beschauliche Dorf Prietzen in einem der Naturschutzgebiete Brandenburgs, am östlichen Ufer des Gülper Sees. Für den Naturschutzbund (NABU) befindet sich hier ein interessantes Areal zur Beobachtung von Flora und Fauna, insbesondere der verschiedenen Wasservogelarten. Die alte Bockwindmühle kann besichtigt werden.

In der winzigen backsteinernen Kirche von Prietzen trifft sich die Gemeinde des Dorfes. Der Kirchturm wurde erst 1885 errichtet. Das baufällige Kirchenschiff erneuerte man im Jahre 1912 und passte es dem Turm in seiner Bauart an. Von den ursprünglichen drei Glocken des Gotteshauses aus dem 14./15. Jh. wurde die kleinste im 1. Weltkrieg nach Rathenow gebracht und eingeschmolzen.

Die evangelische Stadtpfarrkirche St. Jakobi und ein historisches Fachwerkhaus am Marktplatz von Rhinow. Das Gotteshaus ist im Kern ein frühgotischer Feldsteinbau.
Im Jahre 1216 wurde Rhinow erstmals urkundlich erwähnt. Der am südlichen Rand des Rhinluches und am Fuße der bis zu 110 m hohen Rhinower Berge gelegene Ort besaß ursprünglich eine slawische Burg, die später in deutschen Besitz gelangte.
Otto Lilienthal ließ sich 1893 in Rhinow nieder, um hier eine Werkstatt für seine Flugapparate einzurichten. Anfangs flog er auch in den Rhinower Bergen und wechselte später zum Gollenberg.

Heute erinnert an der Absturzstelle am Gollenberg bei Stölln ein Gedenkstein an den mutigen Flugpionier Otto Lilienthal.

Am Fuße des Gollenbergs steht die »Lady Agnes«, in der ein kleines Museum und ein Standesamt eingerichtet wurden.
Das Düsenflugzeug erhielt den Namen der Ehefrau des ersten Flugpioniers Otto Lilienthal, der im August 1896 tödlich verunglückte.

Die Kirche von Stölln ist ein verputzter Saalbau von 1824 mit quadratischem Westturm. Die Apsis wurde 1889 angefügt.

Der Ort Stölln, in dessen Nähe Otto Lilienthal seine Flugversuche unternahm, liegt im Ländchen Rhinow.

Gasthaus und Hotel des Ortes, in dem er logierte, verwenden seinen Gleiter in ihrem Werbeschild.

Das ehemalige Gutshaus in Pessin ist ein spätgotischer Fachwerkbau von 1419 mit vorkragendem Obergeschoss. Es ist eines der ältesten Herrenhäuser in Brandenburg und gehört zu einem weit verbreiteten märkischen Herrenhaustyp. Im 19. Jh. wurden Veränderungen vorgenommen und man verlängerte das Gebäude um zwei Achsen.

Der hohe Saalbau mit mächtigem Westquerturm bestimmt das Äußere der Dorfkirche von Pessin, die im 15. Jh. errichtet wurde. Das Kirchenschiff ist 1739 mit Backsteinen erweitert und die Laube angefügt worden.

■ *Die Marktstraße von Nauen mit Blick auf den Turm der Stadtpfarrkirche St. Jacobi. Vor ca. 3 000 Jahren siedelten hier erste germanische Stämme. Die Stadt, 1292 erwähnt, entstand am Südrand des Havelländischen Luchs, westlich von Berlin.*

■ *Auf dem Kanaldeckel ist das Nauener Stadtwappen abgebildet.*

■ *Werbeschriftzüge aus verschiedenen Zeiten.*

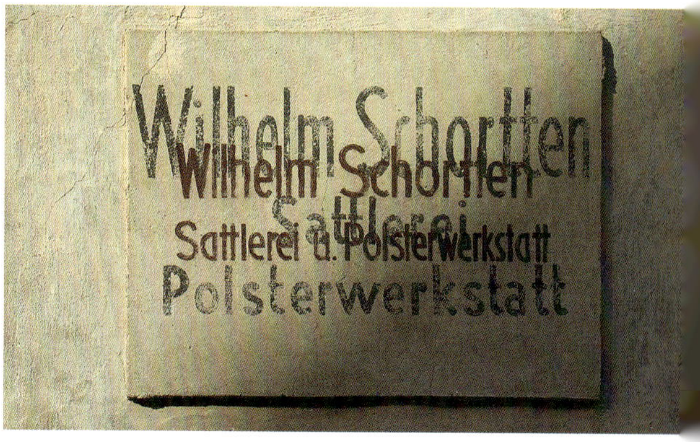

Oben: Das Haus von 1895 beherbergte das ehemalige Rühle-Stift in Nauen. Der Stadtälteste Wilhelm Friedrich Rühle (1801–1859) hatte verfügt, dass sein Vermögen für ein Hospital zum Nutzen älterer Bürger verwendet werden sollte.

Blick auf das von 1888 bis 1891 im neogotischen Stil errichtete Rathaus der Stadt Nauen. Im Jahre 1906 nahm Telefunken nahe der Stadt seine Versuchsstation in Betrieb. Die Station mit ihren hohen Sendemasten war zu dieser Zeit die leistungsstärkste in Europa. Wenige Jahre später konnte man Entfernungen bis zu 6 000 km überbrücken und Telegramme zu den Kolonien in Übersee senden und empfangen. Im 1. Weltkrieg wurde die Anlage zur Steuerung der U-Boot-Flotte genutzt, und ab 1917 konnte man seine Uhren nach dem ausgestrahlten Zeitzeichen stellen. Nach dem 2. Weltkrieg kam der Funkbetrieb zum Erliegen. 1955 begann der Wiederaufbau, und ab 1958 sendete Radio Berlin International sein Programm vom Sender Nauen.

Ansicht eines Bürgerhauses im Zentrum der Altstadt.

Ein »Stück Preußen« in Sachsen-Anhalt

Es gibt eine Geschichte, die eng mit Preußens Brandenburg verknüpft ist, wie auch mit dem Ort Wust, der kurz hinter der brandenburgischen Grenze in Sachsen-Anhalt liegt. Diese Begebenheit offenbart ein trauriges Kapitel Preußengeschichte aus dem 18. Jh., das mit dem Vater Friedrichs II. verbunden ist.

Hans Hermann von Katte trat im Jahre 1724 in das Kürassierregiment Gens d'armes ein, wo er 1729 zum Leutnant und 1730 zum Premierleutnant aufstieg. Zusammen mit seinem Vater wurde er 1728 zum Johanniter-Ritter geschlagen.

Der Kronprinz Friedrich und Katte dienten gemeinsam im preußischen Militär, welches das Selbstbewusstsein und den Willen vieler Soldaten brach und sie zu strengstem militärischem Gehorsam erzog. Der 18-jährige Friedrich wollte sich

diesem Gehorsam nicht beugen und hatte den Plan, nach England zu flüchten.

Hans Hermann von Katte unterstützte Friedrichs Vorhaben. Kronprinz Friedrich versuchte 1730 seine Flucht zu realisieren, weil er sich um eigene Hoffnungen betrogen sah, der harten Erziehung seines Vaters überdrüssig war und sich ihr entziehen wollte. Schnell verbreitete sich in Armeekreisen die Nachricht vom Fluchtversuch, und der Plan scheiterte.

König Friedrich Wilhelm I. von Preußen, der »Soldatenkönig«, ließ beide Deserteure festnehmen und einsperren. Unter seiner Herrschaft verschmolzen Staat und Armee zu einer eigenen absolutistischen Form. Wie unerbittlich der König war, zeigt das Vorgehen gegen den Freund Friedrichs, Hans Hermann von Katte.

Im Schloss Köpenick, das heute zu Berlin gehört, wurde Katte der »Fluchtprozess« gemacht, und er wurde vom Kriegsgericht zu lebenslänglicher Haft verurteilt. Über den Kronprinzen zu urteilen, lehnte das Gericht ab.

Dem Freund seines Sohnes verweigerte der König die Gnade und ließ das vom Gericht gesprochene Urteil »lebenslänglich« in ein grausames Todesurteil umwandeln: »... es wäre besser, dass Katte stürbe, als dass die Justiz aus der Welt käme«, lautete sein Fazit.

Katte wurde am fünften Tag nach der Urteilsverkündung in die Festung Küstrin überführt. Der Kronprinz, den man ebenfalls nach Küstrin gebracht hatte, musste zusehen, wie sein Freund Katte im Hof der Festung hingerichtet wurde.

Auch die Vorfahren Kattes waren Offiziere in der preußischen Armee. Der Vater Kattes hoffte bis zum Ende, dass es für die geplante Fahnenflucht nicht zur »äußersten« Bestrafung kommen würde.

Friedrich Wilhelm I. war ein Mann, für den es eigentlich undenkbar gewesen wäre, auf seinen Sohn anderes Recht anzuwenden als auf jeden Untertanen. Und doch ging der Fluchtversuch für die Freunde ungleich aus.

Kattes Leiche wurde in einem Sarg nach Wust, seinem Geburtsort, überführt und in einer Ecke der Kirchengruft abgestellt. Theodor Fontane hat in seinen »Wanderungen durch die Mark« in den Bänden »Havelland« und »Das Oderland« darüber geschrieben.

Vielleicht wäre der »Fall« Katte langsam in Vergessenheit geraten, hätte nicht der Pfarrer Stephan 1970 sein Amt in Wust angetreten. Gemeinsam mit seinen Freunden rettete der Sohn des Pfarrers 1978 Kirche und Gruft vor dem Verfall. Er wollte das »Denkmal der preußischen Geschichte« erhalten.

In Zeiten der DDR sollte die Kirche von Wust, da es weder Geld, Material noch genügend Arbeitskräfte gab, abgerissen werden. Die drei jungen Leute waren bereit, die Kirche samt Gruft für einen geringen Lohn zu sanieren. Nach einem Gottesdienst, bei dem etliche Spendengelder zusammenkamen, begannen sie mit den Arbeiten.

Drei Jahre später wurde die Kirche erneut geweiht. Seit jener Zeit bekam die Kirche wieder großen Zulauf. Gegenwärtig ist die romanische Kirche mit der Gruft, in der der schlichte Holzsarg Kattes steht, zu besichtigen.

Die »Neue Zürcher Zeitung« schrieb, dass jährlich 10 000 Besucher die Ruhestätte Kattes besuchen.

Das Gebiet des Havellandes ist von stiller zurückhaltender Schönheit und durch den Wechsel unterschiedlicher Landschaften geprägt.

Schlichte Friedhöfe kennzeichnen die Mark. Unmittelbar an den Gottesacker grenzt ein altes Stallgebäude, das vom grellen Licht beschienen wird. Einige der noch erhaltenen Grabsteine und Kreuze stehen direkt vor der Mauer des leicht maroden Hauses. Der im Sonnenlicht am Kreuz leidende Christus zieht den Blick des Betrachters auf sich, und die im Mauerwerk ausgesparten Öffnungen reihen sich in den Kanon der Grabkreuze ein.

Im 800-jährigen Kirchengemäuer befindet sich die »Zecherei St. Nikolai« in mittelalterlichem Ambiente. Bei Kerzenschein und Musik von Sackpfeife, Laute und Trommel wird rustikales Essen angeboten. Das regionale schwarze Kuhschwanzbier ist eine Attraktion der Stadt Tangermünde.

Das alte Schulhaus von Tangermünde ist ein Fachwerkbau. Es hat sich in ein kurioses Wirtshaus verwandelt, das seine Gäste in sehr individuell eingerichteten Räumen empfängt. Der Küchenchef vom »Exempel« empfiehlt den »Dägabroan«, einen Braten aus gesottenem Fleisch mit Sauerkraut im Brottiegel. Die Wirtin serviert ihren Gästen die Speisen und Getränke in den historischen Schulbänken. Die Speisekarte in Form eines alten Schulheftes regt die Phantasie an und macht Lust, auch die »alten Seiten« der Stadt zu entdecken. In diesem »Schulhaus« wird ebenfalls helles und schwarzes Kuhschwanzbier ausgeschenkt.

Die Hospitalkapelle St. Anna in Havelberg stammt aus dem 15. Jh. und ist ein einfacher achteckiger Backsteinbau.

Der Dom St. Marien in Havelberg war erster Sitz der brandenburgischen Bischöfe. Von hier wurden die Fäden für die Eroberung der Mark Brandenburg gezogen. König Otto I. erhob Havelberg 948 zum Mittelpunkt eines Bistums, das eine wichtige Aufgabe in der Mission gegen die heidnischen Wenden erfüllen sollte. Der Bischofssitz entstand wahrscheinlich am Ort eines bedeutenden wendischen Heiligtums, war in der Frühzeit entsprechend umstritten und wurde vermutlich 983 während des großen Slawenaufstandes von den Liutizen zerstört. Der Prozess der Christianisierung der Gebiete östlich der Elbe kam dabei zum Erliegen.
Harte Kämpfe fanden erneut um 1136/1137 statt, bevor um die Mitte des 12. Jh. im Zuge der deutschen Ostbewegung die Unterwerfung der slawischen Stämme vollzogen wurde. Seit 1270 residierten die Bischöfe selbst nicht mehr in Havelberg, sondern in der ihnen gehörenden Stadt Wittstock an der Dosse.

Links unten: Die St. Stephans-Kirche überragt die Stadtsilhouette von Tangermünde. Als Burgwartort wird Tangermünde, das heute zu Sachsen-Anhalt gehört, erstmals 1009 in der Chronik des Bischofs Thietmar von Merseburg erwähnt.
Im Jahre 1373 bestimmte Kaiser Karl IV. Tangermünde zu seiner Nebenresidenz. Nach dem Tode Karls IV. kam Tangermünde an den Kurfürsten von Brandenburg.

Die Stadt Brandenburg

4

Nicht allzu fern, westlich von Berlin, liegt die Stadt, die dem Land Brandenburg seinen Namen gab. Hier begann die historische Entwicklung des Landes. Der Ort an der Havel, an einer Furt gelegen, war bereits seit dem 5. Jahrhundert durch slawische Einwanderer besiedelt, da die germanischen Stämme während der Völkerwanderung das Gebiet verlassen hatten.

Die Brandenburg, eine bedeutende Bastion, lag im Zentrum der slawischen Herrschaft.

Heinrich I., König des Heiligen Römischen Reiches, eroberte zu Beginn des 10. Jh., im Winter 928/929, den Platz der Burg- und Dominsel. Sein Sohn Otto I. gründete im Jahre 948 die Basis für das erste brandenburgische Bistum östlich der Elbe. Durch den Slawenaufstand von 983 wurden die deutschen Eroberer jedoch wieder vertrieben. Ende des 10. Jahrhunderts war Brandenburg der Herrschaftssitz der in der Havelregion lebenden Heveller.

Im Sommer des Jahres 997 stieß Kaiser Otto III. erneut ins Havelland vor, konnte seine Positionen jedoch nicht dauerhaft

halten. In dieser Zeit kam es wiederholt zu Auseinandersetzungen zwischen slawischen und deutschen Stämmen, denen später aber eine Wiederannäherung zwischen den deutschen und slawischen Fürsten folgte.

Im Jahre 1134 wurde Albrecht der Bär von Kaiser Lothar III. mit der Nordmark belehnt. Von 1136 bis 1138 bekämpften sich Albrecht der Bär und die ostelbischen Slawenstämme.

Der Zisterziensermönch aus Burgund Bernhard von Clairvaux und Papst Eugen III. riefen zum »Wendenkreuzzug« auf. Der durch Fürsten und Ritter organisierte Kreuzzug begann 1147, in dessen Verlauf die Nordwestgebiete Brandenburgs eingenommen und christianisiert wurden.

Die einrückenden Adligen gründeten eigenständige Herrschaften in der Region um Havelberg, in der Prignitz und im Ruppiner Land. Darunter befanden sich u. a. die Edlen Gans, die von Plotho, die von Jerichow und die von Arnstein. Das Gebiet von Elbe, Havel und Spree wurde um 1160 ebenfalls durch Adlige, Bürger und Bauern aus dem süddeutschen und dem niederländischen Raum besiedelt.

Heinrich von Antwerpen, ein Brandenburger Domherr, berichtet über die deutsche Machtübernahme und die Übernahme der Herrschaft auf der Brandenburg in seiner Chronik. Die-

Der Dom von Brandenburg St. Peter und Paul auf dem Domplatz wird eng von Häusern umringt. Nur der Turm und das gewaltig steile Dach der Kirche überragen mit einer stattlichen Höhe die nahe stehende Bebauung. Im Jahre 1165 wurde mit dem Dombau begonnen, nachdem die Prämonstratensermönche, deren Konvent zum Domkapitel erhoben worden war, von der Altstadtseite der Havel in den Dombereich auf die Burginsel übergesiedelt waren.

Nahe dem Domplatz befinden sich kleine Gassen und stille Straßen, deren Häuser von üppigen Gärten umgeben sind.

se Schilderung gehört zu den wenigen Quellen, die die Machtübernahme Albrechts des Bären von dem zum Christentum übergetretenen Slawenfürsten Pribislaw schildern.

Albrecht der Bär, ein Askanier, trat Mitte des 12. Jahrhunderts das Erbe Pribislaws an, dessen Burg auf der Burginsel in der Havel stand. Dieses Erbe wurde Albrecht jedoch von Jaxa, einem Verwandten Pribislaws, streitig gemacht. Nach einem letzten Feldzug gegen den Slawenfürsten Jaxa, der die Burg kurzzeitig durch List und Bestechung in Besitz genommen hatte, eroberte und besetzte Albrecht erneut die Brandenburg; er zog am 11. Juni 1157 wieder ein. Mit diesem militärischen Erfolg begann die Geschichte des Landes Brandenburg, und gleichzeitig endete die Herrschaft der Slawen auf diesem Territorium.

Am westlichen Ufer der Havel siedelten im Jahre 1161 Prämonstratensermönche, die mit dem Bau der Kirche St. Gotthardt begannen, der die Funktion einer Kathedralkirche zugedacht war.

Innenansicht des Domes St. Peter und Paul zu Brandenburg, mit Lettner und Eingang zur Krypta. Die Grundsteinlegung des Domes erfolgte 1165 durch Bischof Wilmar. Unter dem Bischof Gernand begannen größere Umbauten in frühgotischem Stil. Der spätgotische Ausbau erfolgte um die Mitte des 15. Jh. Eine erforderliche Sanierung wurde 1834–1836, durch Schinkel beratend unterstützt, durchgeführt und ein achteckiger Turm mit Helmdach errichtet. Der Bau des ursprünglich als Karree geplanten Kreuzganges erfolgte im 13./14. Jh.

Detail der Wagnerorgel des Brandenburger Domes.

Ansichten von drei Schmuckrosetten der seitlichen Backsteinfassade des Brandenburger Doms.

Seitenansicht und Nebengebäude des Domkomplexes.

Figürlich gestalteter Kapitellstein einer Säule der Krypta. Vom Hauptschiff des Domes führt eine Treppe zur tiefer liegenden Hallenkrypta mit polygonaler Apsis.

Domansicht von der Hofseite.

Geschnitzte und bemalte Wangen der Bänke des Hochchores. Der östliche Hochchor der Kirche wird von fünf Fenstern unterbrochen, so dass sich ein besonders heller Raum ergibt.

Der Hochaltar aus dem Kloster Lehnin von 1518.

Seite 122: Das große Kruzifix aus der Mitte des 13. Jh. gliedert und trennt gleichzeitig den Hochchor vom Hauptschiff.
Das Innere des Domes zu Brandenburg ist vom dreischiffigen Langhaus geprägt. Rechts und links vom Altar führen Stufen in die Krypta hinunter. Zwischen den beiden Zugängen zur Krypta sowie in der Apsis des Hochchores stehen kostbare, kunstvoll gemalte und geschnitzte mittelalterliche Altäre.
Viele Einrichtungsstücke wie Kanzel, Taufbecken, Kapellenaltäre, Grabplatten, Epitaphe und Grabdenkmäler schmücken das Gotteshaus.

Um die Burg weitete sich die erste Siedlung aus. Der Ort, bereits 1164 in Dokumenten verzeichnet, entwickelte sich zum Ende des 12. Jh. zur Stadt Brandenburg (antiqua civitas). Fast parallel dazu entstand auf einer der größeren, der Altstadt gegenüberliegenden Havelinsel die Neustadt (nova civitas). Beide Städte hatten eigenständige Rechte. Erst 1715 erfolgte die Vereinigung von Alt- und Neustadt. Die Altstadt entwickelte sich langsam. Die Neustadt hingegen war eine durch die brandenburgischen Markgrafen geplante und angelegte Marktsiedlung, die durch vorherige Übereignung von Land durch den Hevellerfürsten Pribislaw möglich wurde.

Im 14./15. Jh. erlebte die Stadt Brandenburg als Mitglied der Hanse eine wirtschaftliche und kulturelle Blüte. Durch den Dreißigjährigen Krieg erfolgte jedoch der Niedergang der Stadt. Fast die Hälfte der Einwohner wurden Opfer des grausamen Krieges.

Mit der im Jahre 1690 einsetzenden Ansiedlung von Hugenotten, die ja ihre beruflichen Kenntnisse und Fähigkeiten mitbrachten, entstanden neue Gewerbe, wie zum Beispiel die Gerberei und die Lederverarbeitung.

Die Dominsel wurde früh Sitz der slawischen sowie der deutschen Herrscher. Mit der Schaffung des Bistums Brandenburg erfolgte eine Zweiteilung dieser Insel. Die weltlichen Burgherren erhielten den südlichen und die Geistlichkeit den nördlichen Teil der Insel zugesprochen. Auch unter der Herrschaft der Markgrafen und Kurfürsten blieb diese Aufteilung bestehen. Der Dominselbezirk bewahrte bis 1930 seine Selbstständigkeit.

Im Jahre 1165 begann der Dombau. Vormals stand an der gleichen Stelle ein Vorgängerbau, vermutlich aus Holz, da der Bischofssitz schon seit dem 10. Jh. hier ansässig war. Nach Fertigstellung zogen die Prämonstratenser in das neue Gotteshaus ein. Heute überragt der ursprünglich romanische Kirchenbau St. Peter und Paul mit seinen roten Backsteinfassaden die Silhouette der Dominsel. In der Zeit der Gotik, aber auch bei der Restaurierung um 1836 wurde der Bau überformt. Nach Entwürfen von Karl Friedrich Schinkel erhielt dabei der Turm ein Helmdach. Auch in den sechziger Jahren des 20. Jh. wurden Veränderungen bei Restaurierungsarbeiten vorgenommen.

Der Dom ist eine der Attraktionen Brandenburgs und birgt viele architektonische Sehenswürdigkeiten und mittelalterliche Schätze. Altäre und Heiligenfiguren sind von besonderer Qualität und Schönheit.

Die historischen Stadtmauern von Brandenburg, die früher Alt- und Neustadt umspannten, sind noch in Resten erhalten geblieben. Auch der achteckige Mühlentorturm gehört zu den historischen Baudenkmalen der Stadtanlage. Die Katharinenkirche, das Altstädter Rathaus, die evangelische Stadtpfarrkirche St. Gotthardt, die Nikolaikirche, das Plauer Tor sind bemerkenswerte architektonische Baudenkmale der aus drei Siedlungskernen zusammengewachsenen Stadt.

Kastenschloss einer vom Kreuzgang des Domes in den Hof führenden Tür. Die metallene Blende des Schlosses ist in Form einer abstrahierten Taube, eines christlichen Symbols, gestaltet worden.

Ein spitzbogiger Durchgang ins Hofinnere.

Neben den reich verzierten und geschnitzten Bänken des Hochchores steht ein mit Bändern beschlagener hölzerner Sakristeischrank aus der 1. Hälfte des 14. Jh.

Von der einstigen evangelischen Stadtkirche St. Gotthardt blieb nur noch die steinerne Doppelturmfassade erhalten. Sie diente bis zur Errichtung des Domes als Bischofskirche.

Durch schwere Zerstörungen im 2. Weltkrieg und Neubebauung in jüngster Vergangenheit ist von der historischen Substanz leider nicht mehr viel vorhanden.

Vordergründiges Ziel war in der Nachkriegszeit die Schaffung von Wohnraum. Gegenwärtige Bau- und Restaurierungsarbeiten dienen vorwiegend der Erhaltung der kulturhistorischen Stadtarchitektur.

Nach dem letzten Weltkrieg entstanden im Ortsteil Kirchmöser am Plauer See Stahl- und Walzwerke sowie Produktionsstätten des Guss- und Maschinenbaus. Betriebe der Bekleidungs-, Textil-, Nahrungsmittel- und Spielzeugindustrie wurden in und um Brandenburg errichtet.

Nach 1990 führte die Privatisierung der Betriebe zu Strukturveränderungen, Stilllegungen und zu Entlassungen vorwiegend in der Metallindustrie. Die Sanierung historischer Stadtkerne im Rahmen des Modellstadt-Programms mit europäischen Fördermitteln begann zu gleicher Zeit.

Ein Jahr später errichtete die Firma Heidelberger Druckmaschinen AG ein neues Werk im Industriegebiet Hohenstücken. Italiener kauften das Elektrostahlwerk und die Drahtproduktionsstätten.

Die Fachhochschule Brandenburg wurde gegründet und konnte bereits ihr zehnjähriges Bestehen feiern. Mit der Einrichtung des »CulturCongressCentrums«, eines Oberstufenzentrums und eines Betriebshofes der Verkehrsbetriebe wurden Zeichen für Gegenwart und Zukunft gesetzt.

Historische Bausubstanzen wurden restauriert, und der Platz des Neustädtischen Marktes wurde den Brandenburgern mit einem Volksfest zu Beginn des neuen Jahrtausends wieder übergeben. Im Industriegebiet Kirchmöser führte man umfangreiche Revitalisierungsmaßnahmen durch.

Zur Stadt Brandenburg gehört das westlich der Altstadt gelegene Industriemuseum. Der traditionelle Industriestandort gehörte zu den wichtigen Stahlproduktionsstätten in Brandenburg und Deutschland. Der über 100 Jahre alte Siemens-Martin-Ofen hat die Stahlherstellung geprägt. Ihn und die zur Stahlverarbeitung gehörenden Anlagen zu erhalten, ist Aufgabe des technischen Museums. Ehemalige Stahl- und Walzwerker führen durch das Werk, erläutern Produktionsabläufe und berichten über ihre persönlichen Erfahrungen.

Als Verkehrsknotenpunkt und Umschlagplatz hat Brandenburg eine große Bedeutung für die Binnenschifffahrt, da viele Produkte über die Wasserwege transportiert werden. Die Havelgewässer verbinden Brandenburg mit Berlin.

Unmittelbar bei Brandenburg liegt der Ort Plaue, vermutlich ein an einer Furt gelegener Burgort. An diesem Platz erfolgte eine frühzeitige Besiedelung.

Am Ufer des Plauer Sees liegen das sehenswerte Schloss und die Pfarrkirche. Anfang des 20. Jh. wurde der Ort durch den Bau von Siedlungen für die Arbeiter der in Brandenburg und Kirchmöser errichteten Industrieanlagen erweitert.

Bereits zu Zeiten Albrechts des Bären (im 12. Jh.) wurde das Mühlengewerbe in Brandenburg ansässig. Man schüttete in der Stadt Dämme auf, um die Wasser der Havel gezielt den Mühlrädern zuzuführen, die durch Wasserkraft angetrieben wurden. Drei große Mühlen arbeiteten in der Stadt.

Teile der Anfang des 20. Jh. errichteten Brandenburger Mühlenwerke auf der Dominsel sind zu Wohnungen ausgebaut worden. Zur Havelseite bietet sich von den Fenstern und Balkonen ein schöner Blick über die Flusslandschaft. An diesem Ort stand einst die historische Burgmühle der Dominsel.

In einem der wiedererrichteten Ecktürme der Jahrtausendbrücke in Brandenburg befindet sich ein Café. Die Jahrtausendbrücke wurde zum 800-jährigen Neustadtjubiläum von Brandenburg wieder aufgebaut und im Jahre 1996 eingeweiht.

Am Salzhofufer neben der Jahrtausendbrücke, die Alt- und Neustadt miteinander verbindet, legen Fahrgastschiffe und Sportboote an. Von diesem Ankerplatz an der Havel starten die Schiffe zu ihren Rundfahrten.

Von der Jahrtausendbrücke kann man bis zur Dominsel schauen. Durch Bäume leicht verdeckt ist die riesige Zahl »850 Jahre Land Brandenburg« und der backsteinerne Turm des Domes zu erkennen.

Unmittelbar am Salzhofufer ragt der schlanke Turm von St. Johannis, der Kirche des ehemaligen bedeutenden Franziskanerklosters, in den Himmel. Nur die Ruine der gotischen Saalkirche überdauerte. Der Konvent wurde ursprünglich 1230 in Ziesar gegründet und sieben Jahre später in die Altstadt von Brandenburg verlegt.

Seitenportal von der Kirche St. Gotthardt mit Backsteinornamentik und reliefartiger Christusfigur.

Links: St. Gotthardt gehört zu den ältesten Kirchen der Stadt Brandenburg. Sie ist die Pfarrkirche der Altstadt und wurde nahe der mittelalterlichen Stadtbefestigung auf der westlichen Havelseite von Prämonstratensermönchen erbaut. Teilweise zerstört, wurde sie wieder aufgebaut. Die spätgotische Hallenkirche erhielt einen Umgangschor. Sie besitzt eine der schönsten Kanzeln der Stadt. Vom älteren Westturm der romanischen Feldsteinkirche blieben Teile erhalten, die in den Kirchenumbau einbezogen und gegen Ende des 13. Jh. als Backsteinbau vollendet wurden. Nach dem Jahre 1557 stockte man den Turm auf, der 1767 eine Kuppelhaube mit Laterne erhielt.
Nach Einführung der Reformation wurde das Kircheninnere umgestaltet.
Im Vordergrund steht ein Fachwerkhaus, es ist das älteste Schulhaus der Stadt Brandenburg.

Die Stadt Brandenburg entwickelte sich, wie schon erwähnt, aus der ersten Ansiedlung der slawischen Heveller. Überlieferungen von der ursprünglichen »Feste Brandenburg«, einer hölzernen Befestigung, die sich auf der heutigen Dominsel befand, sind nicht mehr auffindbar. Lediglich in den Geländeformen des Standortes sind ehemalige Verläufe von Burggräben zu erkennen. Grafische Rekonstruktionsdarstellungen zeigen eine aus Palisaden errichtete und von Wasser umgebene ringförmige Festung, die über zwei Brücken erreichbar war (S. 6).

In einem schriftlichen Bericht des Widukind von Corvey wird die Feste Brandenburg im Kontext mit der Eroberung durch Heinrich I. erwähnt. Widukind (um 925-973) war Mönch im Kloster von Corvey und ein bedeutender sächsischer Geschichtsschreiber. Die Übernahme der Feste Brandenburg durch Albrecht den Bären erfolgte jedoch über zweihundert Jahre später. Auf den 3. Oktober 1157 ist eine überlieferte Urkunde des Markgrafen von Brandenburg datiert.

Bei Ausgrabungsarbeiten zwischen 1962 und 1975 fanden Archäologen auf der Dominsel Brandenburgs ein kleines Bronzepferdchen von 3,3 cm Höhe aus dem 12. Jh., das von künstlerischer Tätigkeit und handwerklichem Können der damaligen Einwohner zeugt. Viele Funde sind in der Vergangenheit von der Brandenburgischen Denkmalpflege geborgen worden, die in Museen und thematischen Sonderausstellungen gezeigt werden. Hier sei das Archäologische Landesmuseum im ehemaligen Kloster St. Pauli erwähnt, das große Teile prähistorischer und historischer Gegenstände beherbergt.

Das künstlerische Schaffen der Brandenburger wird gegenwärtig in der OFF ART gezeigt. Die Freie Kunstausstellung mit der Idee, allen kreativ Tätigen eine Möglichkeit zur Präsentation ihrer Arbeiten zu geben, findet alle Jahre statt. Künstler und Laienschaffende stellen Malerei, Grafik, Fotografie, Skulptur und Installation juryfrei auf einer gemeinsamen Ausstellung der kritischen Öffentlichkeit vor. Die Kulturinstitutionen sind bemüht, kreative Aktivitäten zu fördern.

Der Plauer Torturm war ein Teil der historischen Mauern, die Alt- und Neustadt umgaben.

Der Steintorturm hat eine Höhe von 32,5 m und befindet sich an der Brücke, die über den Stadtkanal führt. Eine Ausstellung über die Havelschifffahrt befindet sich im mittelalterlichen Wehrturm. Vom Dach bietet sich ein Blick über die historische Innenstadt.

Links: Unmittelbar am Stadtwall, an der Straße nach Rathenow, steht der um 1500 errichtete Rathenower Torturm mit einer Höhe von 28 m. Der eckige Backsteinturm gehörte ebenfalls zur mittelalterlichen Stadtbefestigung Brandenburgs.

Links: Gegenüber dem Steintorturm ist die Schleuse, die den Ausgleich der unterschiedlichen Wasserhöhen zwischen dem Stadtkanal und der Havel herstellt und sie dadurch schiffbar macht.

Auf dem engen Kirchplatz der Neustadt von Brandenburg steht die evangelische Stadtpfarrkirche St. Katharina. Der dreieckige kleine Platz an der Längsseite der Kirche bietet den Marktleuten die Gelegenheit, wie zu alten Zeiten ihre Stände aufzubauen und Handel zu treiben.
Die erste Kirche, ein romanischer Vorgängerbau, ist um 1213 nachweisbar datiert. Reste des Turmes könnten in den Folgebau einbezogen worden sein.
Die spätgotische Hallenkirche ist 1401 errichtet worden. Nach den Jahren 1725 und 1842 erfolgten Neuausstattungen und Restaurierungen des Innenraumes. In den Jahren 1864/1865 wurde das Äußere restauriert.
Bei einer erneuten Restaurierung legte man großen Wert auf die spätmittelalterliche Raumfassung der Kirche. Die Farbigkeit der Pfeiler, der Wände und Gewölbe wurde wieder hergestellt. Seit 1992 erfolgte die Außenrestaurierung.
Der achteckige Kirchturmaufsatz mit Kuppel und Laterne stammt aus dem Jahre 1592 und ist von Balthasar Richter aus Dresden errichtet worden. Die Spitze des Turmes schuf Michael von Utrecht.

Vertikale Zierbänder im Wechsel aus roten und grün glasierten Steinen schmücken den Baukörper. Feingliedrige Wimperge bekrönen die Figurennischen. In den Nischen stehen aus Ton gefertigte biblische Figuren. Neben einigen originalen Figuren sind auch Kopien aufgestellt worden. In den Jahren 1864/1865 entstanden Neuschöpfungen, die ebenfalls zur Ergänzung verwendet wurden.

In der vierten Jahreszeit findet der Brandenburger Weihnachtsmarkt auf dem Neustädtischen Markt statt und lädt zum Schauen, Probieren und Genießen ein. Lichterglanz und Dekorationen aus der Märchenwelt schaffen eine festliche Atmosphäre. Händler bieten ihre Waren an, allerlei Leckereien und Glühwein.

In den historischen Mauern des Klosters St. Pauli beginnt, wie in jedem Jahr, der »Brandenburgische Klostersommer«, ein Event-Theater mit kulinarischen Genüssen. Die mittelalterliche Architektur der romantischen Backsteinkulisse wird zur Umrahmung der Aufführungen. Ein weiterer Spielort des unterhaltsamen Event-Theaters befindet sich im historischen »Buhnenhaus« am Ufer der Havel.

Das Rolandfest der Stadt ist ein Mittelalterspektakel rund um den Altstädter Markt und erfreut sich einer langjährigen Tradition. Der Marktplatz füllt sich, wenn Gaukler, Musiker, Ritter und Knappen das faszinierende Spiel beginnen. Trommeln und Trompeten, mystische Musik, Feuerschlucker und Feuertänzer mit magischen Spielen beleben das festliche Treiben. Verkäufer in historischen Kostümen bieten lautstark ihre Waren an. Mittelalterliches Handwerk wird an verschiedenen Ständen gezeigt und bestaunt.

Musikalische Klänge zum Tanz und ein glanzvolles Feuerwerk lassen den ereignisreichen Abend ausklingen. Mit diesem alljährlichen Fest wird ein Stück Geschichte Brandenburgs für die Besucher lebendig.

Der kompakt wirkende Kirchenbau wird durch die vorspringenden seitlichen Giebel gegliedert und aufgelockert. Der südliche Giebel wurde mit filigranem Maßwerk versehen, das an vielen Stellen durchbrochen und von großartiger Leichtigkeit ist.

Bei den Restaurierungsarbeiten am Kreuzrippengewölbe der Katharinenkirche im Jahre 1987 legte man großen Wert auf die spätmittelalterliche Raumfassung und die Wandmalereien. Die Farbigkeit der gegenwärtigen Ausmalung des Kirchenraumes wurde nach gesicherten Befunden aus dem 15. Jh. ausgeführt.

In der Nordkapelle stehen Epitaphe aus dem 16. und 18. Jh. sowie ein Taufbecken aus Messingguss, das 1440 gefertigt wurde.

Links: Blick auf Turm und Fassade der Katharinenkirche.

Auf dem dreieckigen Platz vor der Katharinenkirche von Brandenburg findet der Wochenmarkt statt. Obst und Gemüse, Blumen und viele kleine Dinge für den Hausgebrauch kann man bei den Händlern erwerben.

Brandenburg in der Vorweihnachtszeit. Im Dämmerlicht liegen Häuser und Geschäfte, bevor die anheimelnden Lichter der mit Tannen geschmückten Straßenlaternen aufleuchten. Der Turm der Neustädtischen Katharinenkirche im Hintergrund überragt weit die Häuser der Hauptstraße.

An der lichterfüllten Hauptstraße sind die Auslagen der Geschäfte mit bunten Süßigkeiten gefüllt, und inmitten von Herzen, Sternen und Konfekt hat der Weihnachtsmann den besten Platz gefunden.

An der geschmückten Hauptstraße, in Höhe der Katharinenkirche, hat das »Kaffee Kännchen« geöffnet. Die hell erleuchteten Fenster lassen die behagliche Atmosphäre des Cafés an kalten brandenburgischen Winterabenden ahnen.

Die mittelalterliche Katharinenkirche am Neustädtischen Markt von Brandenburg im Widerschein der abendlichen Stadt.

Auf dem abendlichen Weihnachtsmarkt singen Brandenburger Kinder weihnachtliche Lieder.

Die farbige Pracht der Karussellfiguren aus der Phantasiewelt erfreut die Kleinsten bei jeder Fahrt.

Der Weihnachtsmarkt in der Neustadt von Brandenburg erfreut vor allem die Herzen der Kinder. Karussells und Süßigkeiten aller Art sind die Favoriten. Glühwein- und Bratwurstduft liegen in der Luft. »Süße Herzen« für jeden Anlass sowie Kunstgewerbliches und Nützliches werden angeboten.

Eine Festveranstaltung wird im Kirchenschiff des Klosters St. Pauli vorbereitet.

Die Ausstellung »Spurensuche« im Kloster und Reste eines historischen Brunnens der Stadt. Im Jahre 2007 sind Teile der Klosteranlage zum Archäologischen Landesmuseum von Brandenburg umgestaltet worden.

Die Kirche des restaurierten ehemaligen Klosters St. Pauli. Alle Gebäude des Klosters sind aus Backstein. Das Dominikanerkloster wurde von Markgraf Otto IV. 1286 am Südrand der Stadt errichtet. Mit der Reformation endete die katholische Ära des Klosters. Im Jahre 1560 schenkte Kurfürst Joachim II. Hektor die Klosteranlage der Stadt. Die Kirche selbst wurde evangelisch umgeweiht, die Klostergebäude als Hospital und als Altersheim genutzt. Nach 1945 erfolgten Sicherungsarbeiten an der Ruine. Von 2003 bis 2007 wurden Restaurierungsarbeiten durchgeführt, und das Kirchenschiff wird heute auch für Musikveranstaltungen genutzt.

Zum Ensemble des Altstädtischen Marktplatzes von Brandenburg gehören einige historische Häuser.

RATSKELLER
RATHAUS

Ein Feuerwerk zum traditionellen Rolandfest am Altstädtischen Markt beschließt den Tag. Dem Roland zu Ehren wird alljährlich auf dem Rathausplatz ein Stadtfest veranstaltet, bei dem ein spektakuläres mittelalterliches Treiben herrscht.

Links: Am Altstädtischen Markt steht seit dem Mittelalter das aus Backsteinen errichtete Rathaus. Mitte des 15. Jh. entstanden zuerst die Rats- und Schreibstuben. Zwischen 1470 und 1480 wurde dann das Hauptgebäude mit dem Turm errichtet. Es diente bis zum Jahre 1715 der Stadtverwaltung der Altstadt. In der weiteren wechselvollen Geschichte wurden die Räume des Rathauses als Barchentfabrik (bis 1803), als Warenlager, Kaufhalle und Kornmagazin (bis 1819) genutzt. Die königlich-preußische Regierung beschloss 1819 den Ausbau des Altstädtischen Rathauses zum Landes- und Stadtgericht. Nach dem Verkauf des Rathauses 1863 an die Garnison wurden die Gebäude Kleiderkammern und Arrestzelle. Mit der Verschlechterung des baulichen Zustandes wurde das Gebäude zur Ruine und musste 1904 wegen Baufälligkeit geräumt werden. Erst nach dem Rückkauf des Altstädtischen Rathauses im Jahre 1910 durch die Stadt wurde der Wiederaufbau in der heutigen Ansicht möglich.

Nur die restaurierte Kassettendecke ist von der ursprünglichen Ausstattung des Rathaussaales erhalten geblieben.

Reich verziert, war das Rathaus von Brandenburg über Jahrhunderte ein wichtiges Symbol für den Wohlstand der Stadt. Auch an der rückseitigen Fassade des Gebäudes sind ornamentaler Backsteinschmuck und farbig gemalte Wappen zu finden.

Der steinerne Roland aus dem Jahre 1474 (auf der Rückseite datiert), der den Eingang des Rathauses bewacht, stammt aus der Zeit, als Brandenburg in lockerer Verbindung mit der Hanse stand.

Im Eingang eines Brandenburger Bürgerhauses befindet sich die diskrete Aufforderung, sich die Füße abzutreten.

In dem Winkel zwischen den Straßen St. Petri und Domlinden stehen barocke Häuser. Den grünen Rasen schmücken fünf Brunnenfiguren aus dem 17. Jh.: »Die schöne Galatea und die Tritonengruppe«.

Direkt am Kanal, gegenüber der St.-Annen-Promenade, befindet sich ein rekonstruiertes Bürgerhaus mit Blick auf das Wasser. Die beiden stattlichen Ecktürme mit ihren Kuppeldächern und die Erkerfront mit den lang gestreckten Balkonen zeugen von wohlhabenden Erbauern.

Links: Das schöne Bürgerhaus in der Plauener Straße mit seiner gut erhaltenen Dachbekrönung, der Putzfassade, dem Erker, den Fenstern und Türen aus der Zeit des Jugendstils hat eine faszinierende Ausstrahlung.
Der Jugendstil, zwischen Historismus und Moderne am Ausgang des 19. Jh. und zu Beginn des 20. Jh. entstanden, dauerte nur ein knappes Vierteljahrhundert. Durch die deutsche Zeitschrift »Jugend«, in der sich Künstler zu Themen von Kunst und Kultur austauschen konnten, kam es zum Begriff Jugendstil, einer Kunstrichtung, die vorher in Deutschland mit »Art nouveau« bezeichnet wurde.
Diese Stilrichtung, deren typisches Merkmal die geschwungene Linienführung ist, zog sich durch alle gestalterischen Bereiche der Kunst wie Malerei, Grafik, Architektur, Möbel- und Industriedesign.

Das Stadtbild von Brandenburg verändert sich ständig. Viele der Bürgerhäuser wurden saniert, ihre Fassaden restauriert und mit neuen Anstrichen versehen.
Im Frey-Haus ist das Städtische Museum, das über die Stadtgeschichte Brandenburgs berichtet. Das Frey-Haus befindet sich in der Nähe der Jahrtausendbrücke. Das Gebäude mit der Barockfassade wurde 1723 auf Betreiben des Obersten von Massow, Kommandeur des Königsregimentes Friedrich Wilhelms I. (»Lange Kerls«), erbaut und 1751 von Friedrich II. von Steuern und Abgaben befreit und so zum »Frey-Haus« erklärt.

Verfallene Gebäude wurden teilweise durch moderne Neubauten ersetzt.

Ganze Häuserzeilen der brandenburgischen Straßen sind saniert worden.
Auch einzelne barocke Häuser, hier ein Beispiel aus dem Jahre 1774, erhielten wieder ihr nahezu historisches Gesicht, was das Stadtbild bereichert und eine Vorstellung von der Schönheit der einstigen Stadt vermittelt.

Eindrucksvoll präsentieren die Gullydeckel das Stadtwappen von Brandenburg.

Historische Häuser, wie hier die Klosterstube, brauchen eine ständige und aufwändige Baubetreuung.

An der Schusterstraße Ecke Bäckerstraße (Fischräucherei) ist ein Fachwerkhaus erhalten geblieben. Die geschnitzten Ornamente, quer liegenden Balken und die Fachwerkkonstruktion sind farbig gefasst. Die hölzernen Elemente stehen im starken Kontrast zur hellen Fassade.

Das »Gotische Haus« hat den Dreißigjährigen Krieg überdauert, bei dem zwei Drittel der Bausubstanz von Brandenburg zerstört wurden. Unter dem Großen Kurfürsten begann der Wiederaufbau der Stadt, und das mittelalterliche Gebäude erhielt danach eine barocke und um 1800 eine klassizistische Fassade. Zur Zeit wird das Gebäude rekonstruiert.

An der Brücke zur Dominsel verkauft ein Fischer seinen frischen Fang.

Ein alter Gartenpavillon am Ufer des Stadtkanals.

Die St. Petrikapelle auf der Dominsel zu Brandenburg ist ein Sakralbau aus der Anfangszeit der christlichen Herrschaft in der Mark. Sie steht vermutlich auf dem Fundament der ehemaligen Burgkapelle der Brandenburg.

■ Im Industriemuseum von Brandenburg, das aus dem ehemaligen Stahl- und Walzwerk hervorging, ist der Siemens-Martin-Ofen zu besichtigen. In der gewaltigen Ofenanlage wurde der Stahl geschmolzen. Der Prozess der Verhüttung des Eisens wird für die Besucher an verschiedenen Objekten und auf Schautafeln gezeigt. Ein Film bereitet das Publikum vor dem Rundgang durch das Museum auf die Produktionsabläufe vor.
Mit einer langen, an einem Kran befestigten »Schaufel« wurden die Öfen beschickt.

■ Die Wärme abweisende Sicherheitskleidung schützte die Metallwerker auch vor der unerträglichen Hitze am Schmelzofen.

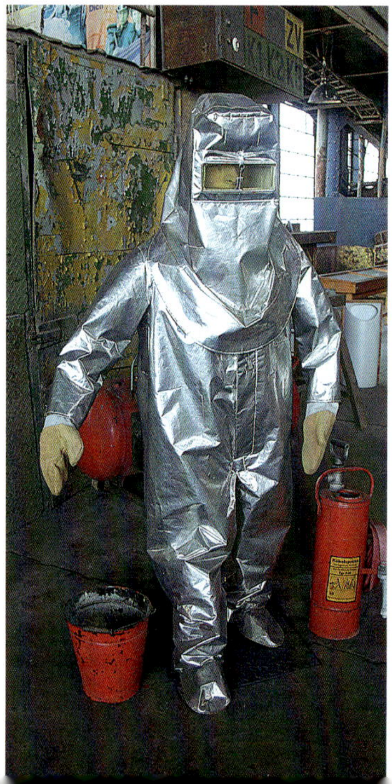

Die gewaltigen Kräne und die riesigen Behälter, die das flüssige Eisen auffingen, zeugen von den großen Mengen der Stahlproduktion. In die massiven Auffangbehälter, die auf Eisenbahnwaggons montiert sind, wurde das flüssige Metall eingeleitet. Danach transportierte man es zum nächsten Arbeitsgang. Aus dem langsam erkaltenden Eisen wurden große Blöcke geformt und nach Abkühlung zu verschiedenen Produkten verarbeitet.

Seite 154: Ein weiter Himmel erstreckt sich über Brandenburg und lässt die Stadt in der Ferne zurück.

Brandenburg im Überblick

Die Mark Brandenburg – ein neues Bundesland

- Brandenburg liegt im nordöstlichen Teil Deutschlands.
- Potsdam ist die Hauptstadt mit dem Landesparlament und der Landesregierung. Im Herzen des Bundeslandes befindet sich Berlin, die politische Metropole Deutschlands.
- In der Geschichte hat Brandenburg seine Grenzen oft ändern müssen. Völkerwanderungen, Gebietsaufteilungen, regionale und globale Auseinandersetzungen mit nachfolgenden neuen Festlegungen und Erbfolgen trugen zu den häufigen Veränderungen bei.
- Seinen Namen erhielt das heutige Bundesland durch die Feste Brandenburg (auch Brennabor, Brennaburg genannt), von der im 12. Jh. die brandenburgischen Markgrafen das Land regierten. In der ursprünglichen Stadt Brandenburg begann mit der Machtübernahme durch Albrecht den Bären 1157 die über 850-jährige deutsche Geschichte der Mark Brandenburg.

Das Land Brandenburg nach 1945

- Nach dem Zweiten Weltkrieg wurden in der damaligen Sowjetischen Besatzungszone, so auch in Brandenburg, Länderverwaltungen aufgebaut.
- Wenige Jahre nach Gründung der DDR (1949) traten 1952 an Stelle der Länder die neuen Verwaltungsbehörden, die Räte der Bezirke. Das Land Brandenburg wurde in die Bezirke Cottbus, Frankfurt/Oder und Potsdam aufgeteilt.

Der Fall der innerdeutschen Grenze

- Erst nach dem Fall der innerdeutschen Grenze im Jahre 1989 wurden die fünf neuen Bundesländer, wozu auch Brandenburg gehört, wieder neu geschaffen.

Struktur und Grenzen des Bundeslandes

- Derzeit gliedert sich das Bundesland Brandenburg in achtzehn kleinere Verwaltungseinheiten, in 14 Landkreise und 4 kreisfreie Städte mit insgesamt 2,6 Millionen Einwohnern.
- Im Osten wird die Grenze Brandenburgs durch den Verlauf von Oder und Neiße, den Grenzflüssen zwischen Polen und Deutschland, bestimmt. Im Norden der Region liegt Mecklenburg-Vorpommern. Westlich grenzen Niedersachsen und Sachsen-Anhalt an das Bundesland Brandenburg. Im Süden der Mark Brandenburg liegt Sachsen.

Von der Eis- zur Eisenzeit

- Die Oberfläche des prähistorischen brandenburgischen Territoriums wurde durch mehrere eiszeitliche Perioden geprägt. Die letzte Eiszeit vor etwa 10 000 bis 15 000 Jahren überformte die vormaligen Oberflächen der Saale-Eiszeit von vor ca. 240 000 bis 180 000 Jahren.
- Nach erneuter Erwärmung und dem Abschmelzen des Eises zogen sich die massiven Gletscher nach Norden zurück.
- Die vom Eis mitgeführten Geröll- und Gesteinsmassen verblieben auf dem Territorium Brandenburgs und bildeten Sander, Grund- und Endmoränen. Durch den extrem hohen Druck der mächtigen Gletscher und ihrer Schmelzwasser entstanden Seen- und Rinnenlandschaften, Urstromtäler und Schmelzwasserströme.

Nach der letzten Eiszeit

- Auf dem vom ehemaligen Gletschereis befreiten Boden siedelten sich wieder Pflanzen an.

Zuerst bildeten sich Steppenlandschaften heraus, dann entstanden Auen- und Wiesenlandschaften.

Danach entwickelten sich Wälder, zunächst die Kiefer, später Laubholzarten wie Birke und Eiche.

- Die Tiere folgten in die von der Pflanzenwelt zurückeroberten Gebiete. Zu Beginn ließen sich Steppentiere, danach auch andere Tierarten wie z. B. Rot- und Damwild nieder.
- Das Territorium Brandenburgs wurde bereits früh besiedelt, wie die von Menschen bearbeiteten Funde belegen.

Nachdem das vormals vom Eis bedeckte Land wieder neues Leben zuließ, rückten die Menschen, die sich während der Kälteperiode nach Süden zurückgezogen hatten, erneut nach Norden in die brandenburgische Region vor.

Findlinge in der Mark

- Die Eismassen hinterließen viele riesengroße Findlinge auf dem brandenburgischen Territorium.
- In den Rauenschen Bergen, südöstlich von Berlin, lagern die »Markgrafensteine«. Es sind die größten Findlingsblöcke in der Mark Brandenburg.

Vorgeschichtliche Gräber

- Viele der gigantischen Felsbrocken wurden von den damaligen Siedlern genutzt, um Kult- und Begräbnisstätten zu errichten.

Die im Norden Deutschlands häufig auftretenden Großsteingräber, vor ungefähr 5 000 Jahren errichtet, zeugen von der zeitigen Besiedelung der brandenburgischen Region.

- Der Glaube unserer Vorfahren an die Unsterblichkeit ließ sie aus riesigen Wand- und Decksteinen gigantische Grabstellen errichten. Zum Totenkult gehörte es, den Verstorbenen Grabbeigaben wie Tongefäße, Trichterbecher und Schalen (in Satzkorn/Osthavelland gefunden), mit Ritzzeichnungen verzierte Kugelamphoren (in Mützlitz/Westhavelland entdeckt) mit ins Grab zu geben.
- Die vorgeschichtlichen Gräber liegen vor allem im nördlichen Teil Brandenburgs in der Uckermark sowie

Die riesigen Markgrafensteine liegen im Wald bei Rauen. Durch die Eiszeit wurden die gigantischen Felsbrocken aus dem südschwedischen Karlshamn bis in die Mark gebracht. Aus einem der Steine fertigte man die Granitschale, die vor dem Alten Museum im Berliner Lustgarten steht.

Megalithgräber von erheblicher Größe, wie bei Mürow in der Uckermark, zeugen von der frühen Besiedlung Brandenburgs.

Mauerreste 2007 nach dem Fall der innerdeutschen Grenze im Jahre 1989 in Berlin.

■ *Fundstücke aus dem »Königsgrab von Seddin«, nördlich von Perleberg in der Prignitz. Das Grab wurde um 800 v. Chr. errichtet. Der Grabhügel hat einen Durchmesser von 64 m und eine Höhe von 10 m. Die Grabkammer wurde 1899 bei der Steingewinnung von zwei Arbeitern erbrochen. Die erste Sicherung der Funde erfolgte durch die örtlichen Behörden und den Direktor des Märkischen Museums in Berlin.*

■ *Spitzen von zwei Pfosten aus Eichenholz. Es sind Reste einer Palisade, mit der die kreisförmige Brandenburg umgeben war. Mit Hilfe der Jahresringchronologie ließ sich die Erbauungszeit auf das Jahr 886 bestimmen.*

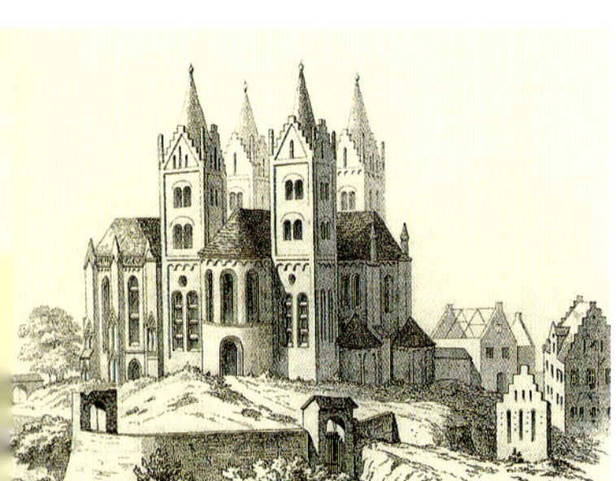

Die einstige mittelalterliche Marienkirche auf dem Marienberg in Brandenburg.

in Mecklenburg, in Schleswig-Holstein, in der Altmark, bei Hannover und Oldenburg und in den Ländern Skandinaviens.

Aus der Jungsteinzeit

▪ Die auf dem ursprünglichen Territorium Brandenburgs siedelnden Ackerbauern, Viehzüchter und Fischer gingen bereits 3 500 Jahre v. Chr. ihren Tätigkeiten nach.

▪ Ihre Werkzeuge fertigten sie aus Stein, Knochen und Hirschhorn. Sie bauten verschiedene Getreidesorten wie Weizen, Gerste und Hirse an und sammelten Früchte und Pflanzen für die Ernährung. Ihre Kleidung bestand aus Tierfellen und Leder. Sie hielten Rinder, Ziegen, Schafe. Der domestizierte Hund wurde zu ihrem Gefährten und Beschützer.

▪ An den Feuersteinschlagstätten fand man abgesprengte Reste von Steinen sowie Steinwerkzeuge. In den prähistorischen Wild- oder Fallgruben sind Schlagsteine, Steinsplitter, Speerspitzen und Harpunen aus Elchgeweih unter den Jahrtausende alten abgelagerten Erdschichten gefunden worden.

Aus der Bronzezeit

▪ Die Bronzezeit, ca. 2 000 Jahre v. Chr brachte den Ureinwohnern neue Werkzeuge. Dem weichen Kupfer mengten sie Zinn bei, um einen härteren Werkstoff für Werkzeuge, Waffen, Messer und Schmuck zu gewinnen. Aus Kupfer und Zinn entstand Bronze. Ein neues Zeitalter wurde mit dem neuen Werkstoff Bronze eingeleitet. Bronzeäxte und bronzene Gewandnadeln lösten nun Steinbeil und Knochennadel ab.

▪ Das »Königsgrab von Seddin« in der Prignitz ist bisher das größte in der Mark Brandenburg gefundene Großsteingrab, mit zahlreichen Grabbeigaben aus Bronze.

Aus der Eisenzeit

▪ Ungefähr 1 000 Jahre v. Chr. begann mit dem Eisen abermals ein neuer Abschnitt in der Entwicklung der damaligen Handwerker, Ackerbauern, Viehzüchter und Jäger. Sie nutzten das Eisen für die Herstellung von Gerätschaften.

▪ Aus dem kostbaren und harten Metall wurden nicht nur Geräte, Werkzeuge und Waffen, sondern, da es mit seinen speziellen Eigenschaften viele neue Möglichkeiten der Verwendung zuließ, auch Schmuck gefertigt.

▪ Der universelle Werkstoff Eisen begleitete das Leben der Menschen bis in die Gegenwart und erlangte weltweit einen immer höheren Stellenwert für die Produktion von Maschinen, Geräten und anderen Gegenständen.

■ Aus der Frühgeschichte des Territoriums

Germanische und slawische Stämme

▪ Germanische Stämme schlossen sich vom 3. Jh. n. Chr. zu größeren Verbänden zusammen. Volksstämme aus verschiedenen Regionen, wie z. B. die Alemannen, Franken, Sachsen, Thüringer, Friesen und Bajuwaren, bildeten den Grundbestand des deutschen Volkes.

▪ Germanische Völkerschaften verließen im 6. Jh. n. Chr. das historische Territorium Brandenburgs. Slawische Stämme drängten nach und siedelten in der Region.
Die Ukranen lebten an der Ukrer (Ucker). Ihr Siedlungsgebiet reichte von der Ucker bis beiderseits der Oder.
Der Lebensraum der Heveller lag an den Ufern der Havelgewässer von Potsdam bis hinauf zum Tegeler See und zum Rhin.
An der Spree siedelten die Sprewanen, und ihr Gebiet reichte bis weit in die Lausitz hinein.

Deutsche Eroberungen

▪ Bis zum Jahre 940 eroberten die deutschen Könige Heinrich I. und Otto I. (letzterer 962 in Rom zum Kaiser gekrönt) das Land dem Reich zurück. Otto I. gründete 948 das Bistum Brandenburg.

Rückeroberung durch slawische Stämme

▪ Durch den Slawenaufstand von 983 wurden die Deutschen wieder für eineinhalb Jahrhunderte aus dem ostelbischen Raum zurückgedrängt.

■ Der Askanier Albrecht der Bär gründet die Mark

▪ Die Brandenburg (auch »Brennaburg«), einstmalige Fürstenburg der Heveller, befand sich auf einer strategisch und verkehrsgünstig gelegenen Havelinsel in zentraler Lage ihres Stammesgebietes.
Überlieferungen von dieser Burg, auf der heutigen Dominsel, sind nicht mehr zu finden. Lediglich in den Geländeformen des Standortes sind ehemalige Verläufe von Burggräben zu erkennen. Grafische Rekonstruktionsdarstellungen zeigen eine aus Palisaden errichtete und von Wasser umgebene ringförmige Festung.

▪ Im 12. Jh. unterwarf das deutsche Grafengeschlecht der Askanier das von slawischen Stämmen besiedelte Land, die spätere Mark Brandenburg.

▪ Im Jahre 1157 eroberte der Askanier Albrecht der Bär die Feste Brandenburg. Er nannte sich von nun an Markgraf von Brandenburg. Es ist das Geburtsjahr der Mark Brandenburg.

▪ Die askanischen Markgrafen förderten die Entwicklung der Orte Bernau, Berlin-Cölln, Frankfurt/Oder, Friedland, Fürstenberg, Fürstenwalde, Gransee, Mittenwalde, Prenzlau, Pritzwalk, Schwedt, Strausberg, Teltow und Templin und ließen sie weiter ausbauen.

■ Die Wittelsbacher und die Luxemburger Markgrafen

▪ Mit dem Aussterben der letzten Askanier der brandenburgischen Linie 1319/1320 fiel das Gebiet zunächst unter die Markgrafenschaft des bayerischen Hauses Wittelsbach, dann der Luxemburger.
Diese Landesherren hatten wenig Interesse am Aufschwung der Mark; das Land versank in Anarchie.

▪ Kaiser Karl IV. aus dem Hause der Luxemburger verlieh im Jahre 1356 mit der Goldenen Bulle dem Wittelsbacher Markgrafen von Brandenburg die Kurwürde, die das alleinige Recht beinhaltete, zusammen mit den anderen Kurfürsten den deutschen König zu wählen.

- Mit dem Fürstenwalder Vertrag von 1373 erhielt Karl IV. von den Wittelsbachern die Mark Brandenburg zurück und residierte 1375 für ein Jahr in Tangermünde (heute Sachsen-Anhalt).
- Im Jahre 1378 wurde die Mark seinem zweiten Sohn Sigismund übertragen. Sigismund verpfändete 1388 die Mark Brandenburg an Jobst von Mähren.
- Als Jobst starb, setzte der inzwischen zum Römischen König gewählte Sigismund den Nürnberger Burggrafen Friedrich VI. aus dem Hause Hohenzollern für die Verwaltung der Mark Brandenburg ein.

Fünfhundert Jahre Herrschaft der Hohenzollern

Auseinandersetzungen mit dem märkischen Adel und den Städten

- Der durch König Sigismund eingesetzte Burggraf Friedrich VI. kämpfte 1412 gegen den märkischen Adel, der seine bisherigen Rechte der Hohenzollernherrschaft gegenüber nicht aufgeben wollte.

Im Jahre 1415 wurde Friedrich (nun als Friedrich I.) die Würde eines Markgrafen und Kurfürsten und 1417 auch die des Reichserzkämmerers verliehen.

- 1437 übernahm Friedrich, der zweite Sohn des Kurfürsten, die Regentschaft in der Mark Brandenburg. Von 1440 bis 1470 war er als Friedrich II. Kurfürst. Er (auch der Eiserne oder Eisenzahn genannt) unterwarf sich die widerspenstige Doppelstadt Berlin Cölln.

Damit erreichte Friedrich II. die endgültige Unterordnung der märkischen Städte unter die landesherrliche Hoheit. Im Jahre 1443 erfolgte die Grundsteinlegung des kurfürstlichen Schlosses in Cölln.

- Berlin/Cölln wurde 1470 durch Albrecht III. Achilles zur ständigen kurfürstlichen Residenz erklärt.

Auswirkungen der Reformation

- Im Jahre 1539/1540 kam es durch den Erlass einer neuen Kirchenordnung zur Übernahme des lutherischen Katechismus und zur Säkularisation des Kirchenbesitzes. Durch die Reformation wurden die Klöster Brandenburgs aufgelöst und in Domänenämter umgewandelt. Die Verknüpfung der entstehenden lutherischen Landeskirche mit dem Herrscherhaus brachte dem Kurfürsten einen grundlegenden Machtzuwachs.
- Andererseits beförderte diese Entwicklung auch positive Aspekte der Bildung.

Die Universität Frankfurt/Oder wurde bereits 1506, die Universität Königsberg (Herzogtum Preußen) 1544 gegründet. Das Gymnasium zum Grauen Kloster in Berlin wurde 1574, die brandenburgische Fürstenschule in Joachimsthal (das spätere Joachimsthalsche Gymnasium) 1607 ins Leben gerufen. Es entstanden erste Ansätze für die Einrichtung eines Landschulwesens in der Mark Brandenburg.

Der Dreißigjährige Krieg

- Im Dreißigjährigen Krieg (1618–1648) wurde Brandenburg Kriegsschauplatz zwischen kaiserlichen und protestantischen Truppen.

Bedingt durch eine schwankende Politik des Kurfürsten Georg Wilhelm, der von 1619–1640 regierte, wurde die Mark für viele Jahre in die Kriegsgeschehnisse hineingezogen und zum Spielball zwischen den Großmächten.

- Der Krieg hinterließ viele Wüstungen in der Mark Brandenburg und vernichtete bis zu zwei Dritteln der Einwohner. Durch den Krieg herbeigeführte Epidemien schufen weitere Bevölkerungsverluste. Das brandenburgische Territorium war weitgehend entvölkert und geschwächt.

Der Große Kurfürst

- In dieser für die Bevölkerung schweren und entbehrungsreichen Zeit übernahm der gerade 20-jährige Kurfürst Friedrich Wilhelm, später der Große Kurfürst genannt (reg. 1640–1688), die Herrschaft in Brandenburg. Er trug entscheidend dazu bei, die zersplitterten Landesteile zusammenzuführen, zentrale Verwaltungsorgane im Land einzurichten und die Wirtschaft wieder zu beleben.

Er baute ein großes stehendes Heer auf und bemühte sich, die ständischen Rechte einzuschränken.

- Im Jahre 1660 erhielt der Kurfürst endgültig die Lehnshoheit über Preußen, und im gleichen Jahr wurde Potsdam kurfürstliche Residenz.
- Der Große Kurfürst kämpfte ab 1674 in einer großen Koalition gegen Frankreich, und in der Schlacht bei Fehrbellin 1675 siegte er gegen die mit Frankreich verbündeten Schweden und schlug diese in die Flucht.
- Auf die Verfolgung der Hugenotten in Frankreich reagierte der Kurfürst 1685 mit dem Edikt von Potsdam.

Allein 20 000 französische Protestanten kamen daraufhin in die Mark Brandenburg. Die ersten Kolonien der Zuflucht suchenden Hugenotten entstanden unter der Obhut des Großen Kurfürsten.

Im ländlichen Raum wurden 1 886 neue Dörfer gegründet, in denen die Ankömmlinge ihre Häuser errichteten. Steuerliche Vergünstigungen und weitere Privilegien erleichterten ihnen dabei den Neubeginn.

Die ersten Könige in Preußen

- Im Jahre 1701 ließ sich Kurfürst Friedrich III. in Königsberg zum König Friedrich I. in Preußen krönen, und Brandenburg wurde unter der Herrschaft der Hohenzollernfürsten zum wichtigsten Landesteil Preußens.
- Dem strengen, pflichtbewussten »Soldatenkönig« Friedrich Wilhelm I. (reg. 1713–1740), der die preußische Armee vergrößerte, die Wirtschaft förderte und eine Finanz- und Verwaltungsreform verwirklichte, folgte sein Sohn Friedrich II., (reg. 1740–1786), später »der Große« genannt.
- Böhmische Glaubensflüchtlinge kamen 1731 ins Land.

König Friedrich II., der »Alte Fritz«

- Er betrieb u. a. in drei Schlesischen Kriegen eine konsequente Annexionspolitik und verschaffte Preußen den Anschluss an die damaligen europäischen Großmächte.
- In der Innenpolitik setzte Friedrich II. als aufgeklärter und zugleich absolut souverän regierender Monarch Reformen in den Bereichen von Wirtschaft, Heer und Justiz durch.

Die früheste Verwendung des (brandenburgischen) Adlers stammt von Otto I., dem Sohn des ersten askanischen Markgrafen Albrecht des Bären und ist auf das Jahr 1170 datiert.

Die restaurierte Burganlage von Tangermünde an der Elbe, auf der Kaiser Karl IV. 1375 für ein Jahr residierte.

Der von König Sigismund (s. oberer Bildteil) mit der Mark Brandenburg belehnte Burggraf Friedrich VI. von Nürnberg reitet 1412 in Berlin-Cölln ein.

■ *Im Kloster Marienfließ lebte man nach den Regeln der Zisterzienser. Leitgedanke des Ordens war die Konzentration auf das Gebet und die Arbeit: »ora et labora«. Ein bedeutender Zisterziensermönch war Bernhard von Clairvaux (um 1090–1153), der Gründer der Abtei von Clairvaux. Die Zisterziensermönche kamen aus Burgund in Frankreich nach Brandenburg und gründeten weitere Klöster auch in der Mark (S. 120).*

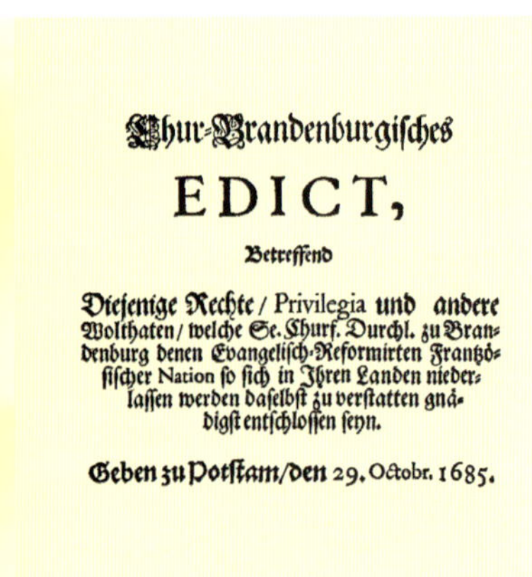

Chur-Brandenburgisches

EDICT,

Betreffend

Diejenige Rechte / Privilegia und andere Wolthaten / welche Se. Churf. Durchl. zu Brandenburg denen Evangelisch-Reformirten Frantzösischer Nation so sich in Ihren Landen niederlassen werden daselbst zu verstatten gnädigst entschlossen seyn.

Geben zu Potstam / den 29. Octobr. 1685.

■ *Edikt von Potsdam vom 29. Oktober 1685, erlassen vom Großen Kurfürsten der Mark Brandenburg.*

■ Er trat für eine tolerante Religionspolitik ein. In einer Überlieferung heißt es: » ... denn hier muss ein jeder nach seiner Façon selig werden«.

■ Nach dem Ende des Siebenjährigen Krieges (1756–1763) bemühte er sich intensiv um den wirtschaftlichen Wiederaufbau seines Landes.

■ Friedrich II. holte ebenfalls Siedler ins Land, um die bevölkerungsschwachen Regionen der Mark wieder zu beleben. Er ließ nicht nutzbare sumpfige Flächen des brandenburgischen Territoriums in Agrarflächen umwandeln. Bislang für die Landwirtschaft ungeeignete Flächen des Oderbruchs wurden seit 1747 von holländischen Spezialisten durch große Meliorationsprojekte entwässert.
Dadurch entstanden viele neue Orte im Oderbruch, wie u. a. die Dörfer Beauregard, Güstebieser Loose, Neulewin, Neulietzegöricke, Neureetz, Neumädewitz.

■ Friedrichs künstlerische Ambitionen galten der Musik, der Literatur und der Baukunst. Bedeutende Architektur, die den preußischen Staat repräsentierte, ließ Friedrich II. in Potsdam (das Schloss Sanssouci, das Neue Palais) und in Berlin (das Opernhaus, die Königliche Bibliothek und die St.-Hedwigs-Kathedrale) errichten.

■ 1786 übernahm Friedrich Wilhelm II. (1786–1797) die Regierungsgeschäfte seines verstorbenen Onkels. Seine Politik wurde von einer Günstlings- und Mätressenwirtschaft überschattet.

■ Unter seiner Federführung entstanden in Berlin das Brandenburger Tor, Schloss Bellevue und in Potsdam das Marmorpalais sowie die Bauten auf der Pfaueninsel.

Preußen und Napoleon

■ In der Regierungszeit Friedrich Wilhelms III. (1797–1840; seine erste Gattin war die Königin Luise) brach das friderizianische Preußen im Krieg gegen Frankreich zusammen. Nach der vernichtenden Niederlage der Preußen bei Jena und Auerstedt zog Napoleon im Oktober 1806 als Sieger in Berlin ein.
Der preußische König und seine Begleitung flohen in Richtung Ostpreußen nach Königsberg.

■ Gedankengut der Französischen Revolution verbreitete sich nun auch in Deutschland.
Der Zusammenbruch des friderizianischen Preußens ermöglichte eine reformerische Umgestaltung des monarchistischen Staates.
Zwei große Reformer waren Reichsfreiherr vom und zum Stein und Karl August Freiherr von Hardenberg. Beide, unterstützt von bedeutenden Mitstreitern, brachten strukturelle und soziale Reformen (so z. B. eine Städteordnung und Agrarreformen, eine Bildungsreform, eine Reorganisation des Heeres) ein.
Die Vorherrschaft des Adels blieb jedoch ungebrochen, und die vom König gegebenen Verfassungsversprechen wurden nicht eingelöst.

■ Nach der Niederlage Napoleons 1812 im Russlandfeldzug kam es während des Rückzuges der französischen Armee auch zu Schlachten und Gefechten auf brandenburgischem Gebiet, so bei Großbeeren, Hagelberg und Dennewitz.

■ In der Völkerschlacht bei Leipzig siegten die verbündeten Heere Russlands, Österreichs, Preußens und Schwedens im Oktober 1813 über Kaiser Napoleon, dessen Herrschaft in Deutschland zusammenbrach.

Vom Wiener Kongress zur Gründung des Deutschen Reiches

■ Auf dem Wiener Kongress wurde Anfang Juni des Jahres 1815 die Bundesakte zur Gründung des Deutschen Bundes unterzeichnet. Es handelte sich um einen lockeren Staatenbund, dem die souveränen Fürsten und freien Städte Deutschlands angehörten.

■ Im gleichen Jahr wurden in Preußen im Rahmen einer Neuordnung der Verwaltung die Landesteile in Provinzen eingeteilt; von nun an war auch Brandenburg eine Provinz des Königreichs.

■ Die folgenden Jahrzehnte waren in Preußen vor allem durch Bevölkerungswachstum, die beginnende Industrialisierung und Bemühungen um einen stärkeren wirtschaftlichen Zusammenschluss Deutschlands, politisch jedoch durch einen restaurativen Kurs der Monarchie gekennzeichnet.

■ Friedrich Wilhelm IV., der im Jahre 1840 den Thron bestieg, sah sich mit steigenden Forderungen des Bürgertums nach liberaler Verfassung und mit wachsendem sozialem Elend des entstehenden Industrieproletariats konfrontiert.
Während der Revolution von 1848 kam es dadurch auch in einigen Städten Brandenburgs zu sozialen Forderungen und zu Volksaufständen gegen die im Kern konservative und antiliberale Politik des Monarchen.

■ Friedrich Wilhelm IV., mitunter auch als »Romantiker auf dem Thron« bezeichnet, ließ Potsdam durch Architekten und Gartenkünstler ausbauen und erweitern.
Die italienische Landarchitektur wurde zum Vorbild für die neu entstehende Architektur- und Gartengestaltung in Potsdam, Babelsberg und Berlin.

■ Wilhelm I., der 1861 seinem verstorbenen Bruder als preußischer König nachfolgte, berief Otto von Bismarck zum Ministerpräsidenten. Dieser gestaltete in den folgenden Jahren wesentlich die Außen- und Innenpolitik des Landes.

■ Nach dem Deutsch-Französischen Krieg 1870/1871 wurde das Deutsche Reich gegründet. Die Kaiserproklamation erfolgte im Spiegelsaal von Versailles. Wilhelm I. war nun in Personalunion deutscher Kaiser und preußischer König.

■ Im Jahre 1888, dem Drei-Kaiser-Jahr, starb Wilhelm I., drei Monate später bereits dessen schwer kranker Sohn Friedrich III. Ihm folgte sein Sohn, der letzte deutsche Kaiser Wilhelm II.

■ Die Weimarer Republik und ihr Zerfall

■ Nach der Niederlage des Ersten Weltkrieges (1918) verließ Wilhelm II. das Land und ging ins Exil nach Doorn in Holland. Dadurch endete die fünf Jahrhunderte währende Hohenzollernherrschaft in Brandenburg, in Preußen und im Deutschen Reich.

■ Nach der Abdankung des Kaisers konstituierte sich die Weimarer Republik. Eine aus Wahlen hervorgegangene deutsche Nationalversammlung trat in Weimar zusammen und schuf die Weimarer Verfassung.

Neue Verfassung in Preußen

▪ Ende 1920 trat auch in Preußen eine neue Verfassung in Kraft; Preußen wurde zu einem demokratisch-parlamentarischen Freistaat.
▪ Die Festigung der jungen deutschen Demokratie wurde durch die politischen, wirtschaftlichen und sozialen Belastungen der Nachkriegszeit und durch das Anwachsen insbesondere rechtsgerichteter Kräfte sehr erschwert.

Weltwirtschaftskrise

▪ Als Folge der 1929 ausgebrochenen Weltwirtschaftskrise verschärften sich auch in Brandenburg die Probleme in Landwirtschaft und Industrie.
Diese verursachten weitere politische und soziale Spannungen, die der NSDAP in den folgenden Jahren in Brandenburg zunehmend Zulauf verschafften.
▪ Im Jahre 1932 wurde die demokratisch legitimierte preußische Regierung durch eine deutsch-nationale Reichsregierung für abgesetzt erklärt und die Exekutivgewalt dem Reichskanzler übertragen.
Damit war die den rechtsgerichteten Parteien verhasste Eigenständigkeit des Freistaates Preußen gebrochen.

Zerschlagung demokratischer Strukturen

▪ 1933 erfolgte die Berufung Adolf Hitlers zum Reichskanzler.
Von den Nationalsozialisten wurden die demokratischen Strukturen, die sich in Deutschland gerade erst herausgebildet hatten, systematisch beseitigt, die Bürgerrechte radikal beschnitten, Regimegegner sowie Andersdenkende politisch verfolgt.
▪ Mit den Nürnberger Rassengesetzen der NSDAP aus dem Jahre 1935 war die Grundlage für die systematische Entrechtung, Isolierung und Vernichtung von »Nichtariern«, vor allem von jüdischen Mitbürgern, aber auch von anderen gesellschaftlichen Minderheiten in Deutschland geschaffen worden.

■ Der Zweite Weltkrieg

▪ Als Folge kriegerischer Machtpolitik Hitlers begann 1939 der Zweite Weltkrieg mit dem Überfall auf Polen.
▪ Dieser Krieg forderte über 50 Millionen Tote. Er brachte unendliches Leid für die Menschen und richtete furchtbare Zerstörungen an.
▪ Die deutsche Kapitulation vor den alliierten Mächten erfolgte am 8. Mai 1945 in Berlin-Karlshorst.
▪ Mit dem Potsdamer Abkommen – die Konferenz tagte vom 17. Juli bis 2. August 1945 im Schloss Cecilienhof – besiegelten die Siegermächte (USA, Großbritannien, Sowjetunion; Frankreich trat später bei) das Ende des Zweiten Weltkrieges. Die Allierten legten fest: Deutschland soll Wiedergutmachung leisten, Militarismus und Nazismus sollen beseitigt werden und ein demokratisches Staatswesen geschaffen werden.
▪ In den durch die Alliierten kontrollierten Besatzungszonen begann 1945 ein schwieriger Wiederaufbau.

■ Kriegsfolgen und Wiederaufbau in Brandenburg

▪ Nach dem Zweiten Weltkrieg verlor Brandenburg, das zur Sowjetischen Besatzungszone gehörte, den Teil, der östlich der Oder lag.
▪ Die beim Wiederaufbau in Brandenburg zu bewältigenden Nachkriegsprobleme waren, wie auch in anderen Teilen Deutschlands, außerordentlich groß.
Tausende von entlassenen Kriegsgefangenen, von Flüchtlingen und Vertriebenen aus den ehemaligen deutschen Ostgebieten kamen ins Land, und unzählige Heimatlose wurden aufgenommen. Noch in den letzten Kriegsmonaten waren bereits viele hunderttausend Flüchtlinge in der Mark Brandenburg eingetroffen.
Schwere Kriegsschäden, Reparationsforderungen der Besatzungsmacht und die schmale Energie- und Rohstoffbasis stellten besonders in den ersten Nachkriegsjahren große Herausforderungen an die Bewohner Brandenburgs. Weil die Grundversorgung der Bürger im Vordergrund stehen musste, reichten häufig die Mittel für den Erhalt oder die Wiedererrichtung bedeutender Kulturdenkmale nicht aus.
▪ Die Gründung zweier separater deutscher Staaten 1949, der Kalte Krieg, die feste Einbindung der DDR in das sozialistische Lager und Entscheidungen ihrer autoritären Staatsführung hatten zum Teil schwerwiegende Auswirkungen auf die Entwicklung des Landes.
▪ Erst als Bürgerbewegungen in der DDR im Jahre 1989 mit friedlichen Mitteln die Öffnung der innerdeutschen Grenze erzwangen und die ehemaligen Siegermächte ihre Zustimmung erteilten, wurde nach über 40 Jahren der Weg für eine im europäischen Konsens erfolgende Vereinigung beider deutscher Landesteile frei.

■ Das neue Land Bundesland in seiner Entwicklung

▪ In Vorbereitung dieser Vereinigung wurde 1990 das Land Brandenburg neu errichtet.
Der Beitritt der neuen Länder zur Bundesrepublik Deutschland brachte für deren Entwicklung in allen Bereichen von Politik, Wirtschaft und Kultur grundlegende Veränderungen und stellte auch die Bewohner Brandenburgs vor große Herausforderungen.
▪ Ein Großteil der Industrie und viele landwirtschaftliche Großbetriebe brachen weg, und zahlreiche Menschen verloren ihre Arbeitsplätze. Vor allem jüngere Menschen zogen, um ihre Berufschancen zu wahren, in den westlichen Teil unserer Republik.

Infrastruktur- und Restaurierungsarbeiten

▪ In Brandenburg konnte die Infrastruktur (z. B. durch neue Straßenbauprojekte) entscheidend verbessert werden.
▪ Es wurden und werden große Anstrengungen unternommen, mittelständische Industrie- und Landwirtschaftsbetriebe zu fördern und den Tourismus zu entwickeln.
▪ In den Städten und Dörfern wurden nach der Wiedervereinigung umfangreiche Restaurierungsarbeiten durchgeführt und zahlreiche Kulturbauten saniert.

▪ *Friedrich Wilhelm, der Große Kurfürst (1620–1688).*

▪ *Schloss Sanssouci, »ohne Sorge«, ist eng mit Friedrich dem Großen verbunden. Der Name ist Leitmotiv des Königs für den Sommersitz, seinen Lieblingsort. Der Maler und Architekt Georg Wenzeslaus von Knobelsdorff (1699–1753) erbaute auf dem Weinberg in Potsdam das Rokokoschloss nach Friedrichs Skizze.*

▪ *Friedrich II. (1712–1786), der Große.*

Verwendete Literatur:
- Badstübner, Ernst; »Brandenburg«, DuMont Kunstführer, Köln 2005.
- »Das Neue Duden-Lexikon in 10 Bänden«, Dudenverlag, Mannheim, Wien, Zürich 1991.
- Dehio, Georg; »Handbuch der Deutschen Kunstdenkmäler; Brandenburg«, Deutscher Kunstverlag, München, Berlin 2000.
- Ebert, Werner; Domnick, Hans; »Entlang der Märkischen Eiszeitstraße«, Gesellschaft zur Erforschung und Förderung der Märkischen Eiszeitstraße, Eberswalde 1995.
- Fontane, Theodor; »Wanderungen durch die Mark Brandenburg«, 5 Bände, Aufbau-Verlag Berlin und Weimar, 1976–1987.
- Hrg. Schlenke, Manfred; »Preußen Ploetz«, Eine historische Bilanz in Daten und Deutungen, Komet Verlag, Köln 2006.
- Internet-Informationen.
- Materna, Ingo; Ribbe, Wolfgang; »Geschichte in Daten; Brandenburg«, Koehler & Amelang, München, Berlin 1995.

Abbildungen mit freundlicher Genehmigung:
S. 6: Mittelalterliche Stadtansicht von Brandenburg, LBS Stadt Brandenburg.
S. 7: Albrecht der Bär, Dietz Verlag, Berlin.
S. 8: Porträt Otto Lilienthal, Otto-Lilienthal-Museum, Anklam.
S. 8: Flugversuch Otto Lilienthal, Lucie Großer Verlag, Berlin.
S. 8: Neuruppiner Bilderbogen (Ausschneidebogen), Museum Neuruppin.
S. 9: Günther, Gärtner; »Joseph Peter Lenné, Gärten, Parke, Landschaften«, Huss-Medien, Verlag für Bauwesen 1985.
S. 9: Porträt von Johann Heinrich August Duncker, Optik-Industrie-Museum-Rathenow der Kulturzentrum Rathenow GmbH.
S. 9: Autograf Theodor Fontanes, »Herr von Ribbeck auf Ribbeck im Havelland«, Theodor-Fontane-Archiv, Potsdam.
S. 10: Carl Blechen, »Walzwerk« 1830, Eberswalde; SMPK, Alte Nationalgalerie Berlin.
S. 10, 34/35: Veröffentlichung der Fotos vom Bodypainting-Festival in Wittenberge mit Zustimmung des Kultur-, Sport- und Tourismusbetriebes Wittenberge.
S. 156: Fund aus dem »Königsgrab von Seddin«, SMPK, Museum für Vor- und Frühgeschichte, Berlin.
S. 156: Ansicht von der einstigen Marienkirche auf dem Marienberg von Brandenburg, LBS Stadt Brandenburg.
S. 157: Holzschnitt: Der Burggraf Friedrich von Nürnberg reitet 1412 in Berlin-Cölln ein, Dietz Verlag, Berlin.
S. 158: Bernhard von Clairvaux, Staatsbibliothek zu Berlin SPK, Handschriftenabteilung.
S. 159: Großer Kurfürst, Lucie Großer Verlag, Berlin.